Hans Platzgumer

AM RAND

Roman

Paul Zsolnay Verlag

Gefördert von

BUNDESKANZLERAMT ÖSTERREICH

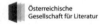

2 3 4 5   20 19 18 17 16

ISBN 978-3-552-05769-2
Alle Rechte vorbehalten
© Paul Zsolnay Verlag Wien 2016
Satz: Eva Kaltenbrunner-Dorfinger, Wien
Druck und Bindung: CPI books GmbH, Leck
Printed in Germany

   MIX
Papier aus verantwortungs-
vollen Quellen
FSC® C083411

Wenn alle Wege verstellt sind,
bleibt nur der Weg nach oben.
FRANZ WERFEL

Gipfel und Abgrund –
das ist jetzt in eins beschlossen!
FRIEDRICH NIETZSCHE

IRGENDWANN kommt jeder an. Steht, liegt oder sitzt, wie ich jetzt hier auf dem Gipfel. Erkennt den Strich, den er unter alles ziehen kann. Hat den Punkt erreicht, wo jedes Leben dem anderen zu gleichen beginnt, jedes ein ähnlich mickriges wird, aber keines mickrig genug, und jedes sowohl zu lang als auch zu kurz.

Heute ist mein Tag. Keine zehn Stunden sind es, bis die Sonne im Westen und meine Erzählung in der Dunkelheit versinken werden. Ich will aufschreiben, wie ich hierhergekommen bin.

Vielleicht ist dieses Bedürfnis, mich mitzuteilen, ein Vermächtnis der christlichen Weltsicht, die von Anfang an unablässig in mein Hirn gepresst wurde. Hat meine Mutter also doch erfolgreich auf mich eingewirkt, sosehr ich mich dagegen sträubte. Der Fels ist jetzt mein Beichtstuhl und ich öffne mich Ihnen, einer oder einem Unbekannten. Vielleicht ist das feig, schwach, aber Feigheit und Schwäche, alles werde ich mir heute zugestehen. Ich darf alles, denn ich bin angekommen, nach 42 Jahren angekommen, heraufgekommen auf den Bocksberg.

Wenn der Kampf den Menschen zum Menschen macht, gehört auch das Erzählen vom Kämpfen und das Beenden von Kampfhandlungen zu ihm. Ich weiß nicht, ob ich es schaffe. Wenn nicht, was dann? Ein Südtiroler kann nicht auf einen Berg steigen, ohne den Gipfel zu erklimmen. Vor dem Ziel umdrehen kostet ihn mehr Überwindung, als dieses zu erreichen. Doch noch ist längst nicht Abend. Die Sonne ist kaum über die felsigen Bergkuppen im Südosten hinausgekommen – auch wenn sie schon vor fast zwei Stunden aufgegangen ist, um 7 Uhr 39, heute, am Donnerstag, dem 11. Oktober 2012, um präzise zu sein. Und präzise will ich jetzt sein, alles andere wäre Zeitverschwendung.

HITOTSU

Lang vor Tagesanbruch bin ich aufgestanden. Den Wecker hatte ich auf viertel nach vier gestellt, aber ich hätte ihn nicht gebraucht. Oft und lang vor dem Wecksignal war ich schon wach, konnte es kaum erwarten, bis er mich aus der Nacht befreite. Ich wusch mich, briet drei Spiegeleier mit Speck, strich dick Butter auf das Vollkornbrot, trank starken Schwarztee mit Milch und fünf Teelöffeln Zucker, machte mir Speckbrote, die mich durch diesen Tag bringen sollten, verpackte sie in Alufolie. Ich schaltete kein Licht in der Küche an. Das kleine Nachtlicht aus dem Schlafzimmer, das wir für Sarah installiert hatten, das Leuchten aus dem Kühlschrank und, was von den Straßenlaternen in die Wohnung fiel, reichten aus. Künstliches Licht habe ich nie gemocht. Den Rucksack mit allem, was ich benötigen würde, hatte ich gestern bereits gepackt. Fast hätte ich auch das Frühstücksgeschirr schon abends vorbereitet, aber Elena hatte vorausschauende Handlungen immer verabscheut, also ließ ich es bleiben. Spießig sei das, kleingeistig, fand Elena. Es zeuge von einer konservativen Einstellung, wenn man davon ausginge, dass jeder Tag das zu bringen habe, was man von ihm erwarte. Kurzsichtig sei, wer meine, den Lauf der Dinge zu kennen, wissentlich schränke er seine Möglichkeiten ein.

Ich diskutierte das Thema nie länger mit ihr, aber widerstand seither meinem Impuls, am Vorabend den Frühstückstisch zu decken. Auch gestern. Die Kleidung jedoch, die ich heute trage, den Anorak, den dicken Pullover, die langen Unterhosen, Wollsocken und Thermo-Handschuhe, hatte ich auf einem Stuhl bereitgelegt. Ein Blinder sagte einmal zu mir: Solang du gut organisiert bist, spielt es keine Rolle, ob du sehen kannst oder nicht. Alles, was du ablegst und später wieder brauchst, musst du hinterlegen, wo du es wiederfinden willst. Jeden Handgriff musst du bewusst vollziehen, nichts unbedacht machen, nichts dem Zufall überlassen. Das prägte ich mir ein. Auch wenn ich nicht blind bin, verrichte ich scheinbare Nebensächlichkeiten so konzentriert, als wäre ich darauf eingestellt, von einem Moment auf den anderen zu erblinden. Alles in der Welt, die ich hinterlasse, ist an seinem Platz. In völliger Ordnung ließ ich die Wohnung in der Heldendankstraße zurück. *Warum eigentlich?*, fragte ich mich, während ich den Abwasch machte und den Stuhl zurück an den Tisch schob. Muss alles seine Ordnung haben, wenn einer aufbricht? Sogar das Bett machte ich, den Stoffhasen legte ich auf das Kopfkissen, das Leintuch strich ich glatt, wie meine Mutter es im Kinderzimmer getan hatte, früher, als ich noch dort schlief, und später, nachdem man den Großvater hinausgetragen hatte. Das Handtuch im Bad hängte ich säuberlich an seinen Halter, bevor ich ging. Sie werden es ja sehen, wenn Sie die Wohnung betreten. Eigentlich wollte ich, bevor ich die Wohnung verließ, Sarahs Nachtlicht löschen, wie ich es tagsüber immer tat, aber das habe ich in der Aufregung vergessen. Ich bitte Sie, schalten Sie das Lichtchen für mich ab. Ein kleiner Schiebeschalter an der rechten Seite, Sie werden ihn finden.

Die Haustür schloss sich leise hinter mir. Ich huschte die Treppen hinab, und auch auf der leeren Straße im spärlichen Licht der Laternen bewegte ich mich nahezu geräuschlos, als wollte ich niemanden stören – obgleich es eher ich selbst war, der von niemandem gestört werden wollte. Den Wohnungsschlüssel habe ich in den Briefkasten geworfen. Wenn Sie wollen, können Sie ihn mit einem Draht herausfischen. Es macht mir nichts aus, wenn Sie die Wohnung aufsuchen, im Gegenteil, ich lade Sie dazu ein. Wahrscheinlich habe ich deshalb aufgeräumt.

Um halb sechs fuhr der erste Zug von Bregenz nach Dornbirn. Den Fahrschein hatte ich gestern bereits gelöst, für die gesamte Strecke, auch für den Bus Nummer 7, der mich vom Bahnhof hinauf ins Gebirgstal brachte, durch das sich die Ach schlängelt. Niemand wollte mein Ticket sehen, niemand kümmerte sich um mich. Die wenigen anderen Fahrgäste schienen noch zu schlafen oder versteckten sich hinter einer Tageszeitung. Der Busfahrer verweigerte die Welt im Allgemeinen. Ich blickte hinaus in die Dunkelheit, auch wenn ich in den Scheiben mehr das gespiegelte Innere des Busses sah. Durch das Spiegelbild eines Mannes, der sich auf seinem Weg befand, blickte ich hindurch. Es fühlte sich richtig an.

Zwanzig Minuten nach sechs stieg ich aus dem Bus. Jetzt war ich am Fuß meines Berges angekommen, lang bevor die erste Seilbahn zur Bergstation des vorgelagerten Massivs hochfahren würde. Mit ihr hätte ich mir einen Teil des Anstiegs erspart, aber den vorderen, touristischen Teil dieses Wandergebietes wollte ich meiden. Stattdessen machte ich mich, ohne Zeit zu verlieren, zur hinteren, unbekannten Bergroute auf, ein einsamer Weg, der mich hinein in die schwarzen Wälder und in langen Serpentinen hinaufführte. Trotz der Dunkelheit und auch ohne Taschenlampe hielt ich einen zügigen, gleichmäßigen Schritt. Ich fiel in einen Trott, und bald wurde mir warm, obwohl mir feuchtkalte Luft entgegenschlug. Stetig gewann ich an Höhenmetern, fast ohne es zu merken. Alles um mich herum war, eine Stunde vor Sonnenaufgang, dunkel und still, die Zivilisation lag bereits weit hinter mir, alles schien richtig. Ich spürte keine Anstrengung. Mühelos trugen mich die Beine über Steine, Wurzeln, Wiesen und Bäche hinweg, immer weiter hinauf, dem Ziel entgegen. Ich hatte keine Zweifel, es war an der Zeit, den Plan, den ich seit Wochen gefasst hatte, in die Tat umzusetzen.

Bald verengte sich der Forstweg und ging in einen steil ansteigenden Pfad über. In der Dunkelheit des Waldes musste ich vorsichtig auf meine Schritte achten, mich an manch überstehendem Ast vorbeihanteln oder über umgestürzte, rutschige Stämme klettern. Manchmal verlor ich den Halt, stolperte über eine Wurzel, glitt auf einem glitschigen Stein aus. Eine Handvoll abgefallener Tannennadeln sammelte sich in meinen Schuhen und stach mir in die Knöchel. Doch ich blieb nicht stehen, um sie herauszuholen. Lieber gewöhnte ich mich an ihre feinen Stiche und blieb im Rhythmus.

Mit zunehmender Höhe lichteten sich die Bäume. Als ich die ersten Hochebenen erreichte, begann sich der Nachthimmel zu erhellen, und ich konnte mein Tempo steigern. Das konturlose Schwarz über mir ging in ein metallisch, tief aus seinem Inneren leuchtendes Blau über. Hinter dem klammen Dunst, der noch zwischen den Nadelbäumen hing, zeichneten sich in der Ferne die Silhouetten der Bergrücken ab. Wie schlafende Riesen waren sie mir als Kind schon vorgekommen, nach oben blickende Scherenschnitte, die statt Haaren Bäume über Steinstirnen trugen. Ich erkannte die gewölbten Augenbrauen liegender Gesichter, ihre Nasen, Lippen und spitzen Kinnladen, die sich in den Wellungen der Hochplateaus verloren.

Um mich herum begrüßten Vögel nun den anbrechenden Tag, und ich merkte, wie ich mich zu beeilen begann. Als trieben die Tiere mich an. Der mir bevorstehende, steile Anstieg auf den Bocksberg würde noch fast zwei Stunden in Anspruch nehmen. Zehntausend Schritte würde ich noch zu machen haben, hatte ich ausgerechnet, und am Gipfel würde mein Tagwerk erst beginnen. Viel hatte ich mir heute vorgenommen, und alles hing am Tageslicht, dessen Diktatur mich zu unterwerfen ich entschieden hatte. Elf helle Stunden lagen vor mir, neun sind es mittlerweile, die mir davon bleiben. Um halb sieben wird es dunkel. Danach noch ein wenig Dämmerlicht, notfalls der Lichtkegel meiner Taschenlampe, solange die Batterie hält. Dann muss ich mit meinen Aufzeichnungen fertig sein.

Der erste Tod, mit dem ich konfrontiert war, trat so still und heimlich in mein Leben, dass ich ihn jahrelang nicht bemerkte. Eines Tages trug man den Nachbarn, den alten Herrn Gufler, mit den Füßen voraus aus unserem Wohnhaus. Niemandem war aufgefallen, dass er seit mindestens einem Jahr tot war. Viele Monate verharrte er regungslos im Lehnstuhl seines Wohnzimmers, wo er mit aufgesetztem Kopfhörer vor dem Fernseher eingeschlafen und nie wieder erwacht war. Vom Ton des Fernsehprogramms beschallt, war er in seiner Wohnung völlig vertrocknet, nur wenige Meter Luftlinie von mir entfernt. Unzählige Male war ich im Stiegenhaus an der Gufler'schen Mumie vorbeigegangen, meine Hand an der Wand, hinter der Herrn Guflers Fernsehzimmer lag, das seine Totenkammer geworden war. Meist trommelte ich an diese Wand oder strich mit den Fingern an ihr entlang, wenn ich durchs Stiegenhaus huschte. Nie hatte Herr Gufler sich darüber beschwert. Überhaupt hatte er sich nie von uns Kindern belästigt gefühlt oder selbst irgendjemanden belästigt. Sogar im Tod blieb er zurückhaltend, kaum ein Verwesungsgeruch wäre uns aufgefallen. Nein, aus seinem äußerst unauffälligen Leben entschlummerte er eines Tages unbemerkt in einen unauffälligen Tod, den Kopfhörer bei maximaler Lautstärke über die Ohren gestülpt, die geschlossenen Lider angestrahlt von schreienden Bildern. Erst als Verstorbener erregte Herr Gufler ein einziges Mal Aufmerksamkeit in der ganzen Siedlung.

Zum Glück unterbrach das Fernsehen in den siebziger Jahren nachts das Programm und zeigte bloß Testbilder oder von einer Lokomotive aus gefilmte Bahnfahrten. So wurden der Guflermumie wenigstens Pausen gegönnt von dem über ihren Tod wachenden Flackern, diesem Fluch, der ihr auferlegt war. Jeden Tag aufs Neue lärmte das Fernsehprogramm auf den Alten ein. Wäre er noch ein paar Jahre später erst gefunden worden, wäre sein Mumienhals vielleicht so brüchig geworden, dass er der Spannung des gekringelten Kopfhörerkabels nicht länger widerstanden hätte und der Kopf vom Korpus abgerissen worden wäre. Dann endlich wäre Ruhe eingekehrt.

Schon zu Lebzeiten war dieser Lehnstuhl Herrn Guflers angestammter Platz gewesen. Dort hielt er Kontakt zum Weltgeschehen. Jahrelang war der Lärm des Fernsehers täglich durch die dünnen Wände des Wohnblocks gedrungen, aber irgendwann legten die Nachbarn zusammen und kauften Herrn Gufler diese Kopfhörer. Von da an fühlte sich niemand mehr von dem Alten gestört. Wenn wir ihn auf der Straße sahen, dann höchstens vor dem Supermarkt, wo wir gern herumlungerten. Manchmal gab er uns ein paar Schilling für Kaugummis oder ein Eis, wenn er aus dem Geschäft kam. Zitternd lächelte er und nickte und blickte uns nach und lächelte weiter, wenn wir uns umdrehten, und sagte mit einer Stimme, die kaum mehr als ein heiseres Hauchen war, *Ja, Ja* oder *Lasst es euch schmecken*. Es fiel uns nicht auf, dass wir ihn irgendwann nicht mehr zu Gesicht bekamen, ein Jahr lang, länger, nie mehr. Er war eben einer, den man übersah. Wir vergaßen ihn. Dass er vor dem Fernseher schlief, wusste jeder, nur, dass er seit über einem Jahr aus dem Fernsehschlaf nicht mehr erwacht war, ahnte niemand.

Eines Nachts wurde ich von einem Knall geweckt. Ich war sieben, aber nicht schreckhaft genug, um in Mutters Schlafzimmer Schutz zu suchen. Eine Weile lag ich wach, überlegte, was dieses Geräusch im Stiegenhaus verursacht haben mochte, wartete ab, was als Nächstes geschehen würde. Doch nichts geschah, und ich schlief wieder ein. Am nächsten Morgen entdeckten Mutter und ich, was vorgefallen war. Einbrecher, die in der Wohnung des alleinstehenden Pensionisten Wertsachen vermutet hatten, hatten Herrn Guflers Wohnungstür aufgebrochen. Vielleicht hatten sie einen Tipp bekommen, weil der Alte früher bei einem Juwelier gearbeitet hatte. Eine Mumie vor dem Fernsehapparat hatten sie wohl nicht erwartet. Vielleicht fiel ihnen aber auch gar nicht auf, dass sie zu Grabräubern wurden. Ein leicht süßlicher Gestank war in einer Rentnerwohnung wenig überraschend. Vielleicht mutmaßten die Einbrecher, dass der Alte schlief, durchsuchten seine Bude schnell und vergebens und verschwanden wieder.

Mutter entdeckte die offen stehende Tür.

– Herr Gufler!, rief sie in die Wohnung hinein. Herr Gufler, alles in Ordnung bei Ihnen?

Sie bekam keine Antwort, nur diese modrige Geruchsmischung aus Staub und Menschenstaub drang ihr in die Nase. Vorsichtig trat sie ein und entdeckte den Toten, wusste die Mumie sofort von einem Schlafenden zu unterscheiden. Als Erstes drehte sie, wie auch ich es getan hätte, den Fernseher ab. Jetzt endlich konnte der Mann in Frieden ruhen.

Dann stand auch ich in der Tür.

– Geh raus hier, Gerold, das ist nichts für dich, sagte Mutter.

Doch ich war schon halb im Wohnzimmer und hatte den Toten im Blick. Lang blieb ich an Ort und Stelle stehen, fasziniert, auch entsetzt, und konnte mich nicht abwenden. Jegliche Kraft, alle Energie war aus Herrn Gufler entwichen, jahrzehntelang hatte er sich durch ein Menschenleben geschleppt, nun war alles aufgebraucht, was er zu bieten gehabt hatte, und nur mehr seine Überreste lagen vor mir auf dem Lehnstuhl. Eine große Natürlichkeit lag in alldem. Herr Gufler trug Hausschuhe, eine dünne Wollhose und eine braune Strickjacke. Seine vertrocknete rechte Hand lag über der Fernbedienung. Sternförmig zog sich ein verästeltes Netzwerk aus Falten vom eingefallenen Mund ausgehend in alle Richtungen, als wäre er in einem in die Ewigkeit gedehnten Oh erstarrt. Ich kann sagen, dass der erste Tote meines Lebens der schönste, der zufriedenste war, mit dem ich je zu tun hatte.

Meine Mutter musste mich mit Gewalt aus der Guflergruft hinausschieben. Da trafen bereits weitere Nachbarn ein und wenig später die Polizei und ein Krankenwagen. Plötzlich interessierte sich jeder für den Tutenchgufler, wie wir ihn in der Folge nannten. Nur zu gerne hätten wir ihn angefasst, um zu sehen, ob er auf die leichteste Berührung hin zu Staub zerfallen würde, wie ich vermutete, aber man ließ uns nicht. Ich stellte mir seine Konsistenz wie altes Pergamentpapier vor, meine Freunde dachten an brüchiges, ausgetrocknetes Leder oder meinten, er sei klebrig wie Schuppen oder faserig wie ein Spinnennetz. Der Peter Innerhofer behauptete, dass man mit dem Finger in ihn hineinbohren und direkt ins vertrocknete Herz hätte greifen können. Er war es auch, der vorschlug, dass wir Guflers Fernsehsessel in Besitz nehmen und im Heizraum im Untergeschoß des Hauses aufstellen sollten. Gegen eine Gebühr könnten wir Kinder von außerhalb der Siedlung darauf Platz nehmen lassen und reich werden mit dieser Attraktion. *Die Liegestätte einer echten Mumie!*, nannte er es. Doch letztendlich wurden die Pläne nie umgesetzt. Guido wiederum meinte, dass das Herz des Alten vielleicht immer noch schwach schlagen würde, weil es das wohl lang nach dem vermeintlichen Tod mache. Doch als ein Polizeisprecher verlautbarte, wie lange der 71-Jährige tot in seinem Sessel gelegen war, gaben wir die Theorie vom immer noch schlagenden Herzen auf. Verwunderlich sei zwar, meinte der Polizeisprecher, dass das Ableben dieses Mannes keinem Nachbarn aufgefallen war, aber da Miete und Nebenkosten regelmäßig von seinem Konto abgebucht wurden, er keine Verwandten gehabt und kaum Briefsendungen bekommen hatte, hätte niemand von seinem Tod Notiz genommen. Auf einer Bahre wurden vor einigen Schaulustigen die Überreste des Herrn Gufler hinausgetragen. Das war er gewesen, sein kurzer, großer Moment, postum, sein einziges Hurra, bevor er irgendwo verscharrt und vergessen wurde.

HITOTSU

Der Bocksberg ist ein kleiner, spitzer Gipfel. Von hinten führt der verwilderte, schmale Waldpfad hoch, den ich gewählt habe. An der Vorderseite bricht der Berg mit einer steilen Felskante ab, ungefähr zwanzig Meter senkrecht hinunter, bis die Wand in einen abschüssigen Berghang übergeht, der von Gras bewachsen, teils sogar bewaldet ist. Latschen,

Krüppelfichten, Lärchen gibt es hier. Weiter unten fällt diese Welle in eine zweite Steilwand. Dort verschwindet der Bocksberg in den ihn umgebenden dunklen Wäldern.

Mächtig und trotzdem unscheinbar ist der Felswall, der diesen Gipfel trägt, unbeliebt bei Kletterern. Meines Wissens hat niemand diese Wand je durchstiegen. Auch über den Pfad oder den vor Jahrzehnten angelegten, südlichen Klettersteig, der mit halbverwilderten Drahtseilen nur unzulänglich gesichert ist, kommt selten jemand herauf. Bloß Adler, Bussarde, Habichte umkreisen diesen Keil, der in den Himmel ragt und in kaum einem Bergführer Erwähnung findet. Wer kennt den Bocksberg schon? Man schätzt den Hohen Freschen, den Widderstein, den Staufen, aber nicht den Bocksberg. In Karten ist er kaum vermerkt, ein wenig beachteter Felsbrocken bloß. Genau deshalb ist er für mein Vorhaben so geeignet.

Es wundert mich, dass hier überhaupt ein Gipfelkreuz errichtet wurde. Der Alpenverein hat das schlichte, aber massive Holzkreuz 1966 aufgestellt, wie auf einem Schild an seinem Fundament vermerkt ist. Überdimensioniert, fehl am Platz wirkt das Kruzifix, drei Meter ragt sein Längsbalken in die Höhe, höher hinauf, als der Gipfel des Bocksbergs an Breite misst. In den Querbalken ist der Satz *Das Leben ist der Weg zum »Berg«* eingraviert. Einen Moment lang dachte ich über diese Anführungszeichen in der Gravur nach, als ich heute gegen neun den Gipfel erreichte.

Ich ärgerte mich kurz über die Arroganz des Alpenvereins, der mit den, auf jeder Erhöhung errichteten, gesegneten Passionskreuzen die Bergwelt verschandelt. Bevor ich zur Welt kam, waren die meisten dieser Gipfelkreuze schon da. Ich kenne die Alpen nicht ohne sie. Auf der höchsten Stelle des heiligen Berges Fuji in Japan ist ein Getränkeautomat errichtet, und im Himalaya stößt der Bergsteiger allerorts auf verwitterte, tibetische Gebetsfahnen. Bei uns stehen eben diese Kreuze herum, normalerweise nehme ich sie nicht wahr. Nur nach meiner heutigen Ankunft am Gipfel begutachtete ich diesen Ort, als sähe ich ihn zum ersten Mal.

In Brusthöhe war am Kreuz eine verbeulte, bronzene Schatulle befestigt, in der sich das Gipfelbuch befand, ein schäbiger Schreibblock mit gewellten, karierten Seiten, eingepackt in eine steife Plastiktüte. Seit meiner Kindheit, als wir manchmal Obszönitäten hineinschmierten, hatte ich kein Gipfelbuch mehr in Händen gehalten. Die Freude, sich darin zu verewigen, ist Touristen und Minderjährigen vorbehalten. Ein Südtiroler, der das Leben mit Bergen gewohnt ist, vergeudet keinen Augenblick damit. Heute aber warf ich einen Blick hinein. *Berg Heil allen Wanderfreunden!* auf der ersten Seite. *Berg Heil* auch auf den meisten folgenden, teils unleserlich bekritzelten Seiten. *Ich wilde Sau hab's geschafft*, konnte ich entziffern, *Ein herrliches Panorama*, oder *Heute hat's viermal schon gehagelt*. Dann ließ ich es bleiben. Es gab ohnehin wenige Einträge, selbst in den Sommermonaten kaum mehr als zehn Vermerke. Ich steckte das Buch zurück in die Schatulle und setzte mich auf einen Felsbrocken nahe des Abhangs, so weit wie möglich vom Kreuz entfernt. Hier will ich sitzen bleiben, bis der Tag zu Ende geht. Nur einen Schritt vor meinen Füßen bricht die Felskante ab. Elena mit ihrer Höhenangst hätte hier nicht sitzen können. Sie liebte Berge, Wälder, aber Steilwände hatte sie immer gemieden.

Von meinem steinernen Hocker aus betrachte ich unzählige Bergkuppen, kahles Schiefergestein, krumme Latschen, mancherorts ein paar Sträucher, hartgesottenes Gestrüpp. In die Berge sind Täler eingekerbt, steil abfallende, sanft auslaufende Wälder, Flüsse, die die Landschaft zerschneiden. Wasserfälle sehe ich, Almhütten, Hochleger, Niederleger, Forstwege. Unten dunkles, matschiges Grün, eine Schattenwelt. Nach oben hin wird die Landschaft heller. Ab einer gewissen Höhe frisst das Weiß des Himmels das Grün von den Berghängen, enden Wiesen und Bäume, nur karge Schotterflächen ziehen sich noch weiter hinauf zu den der Sonne entgegengestreckten Gesteinsglatzen. Vereinzelt stechen aufgetürmte Felsen in Wolkenfetzen. Das Schmutzweiß der Gebirge geht in das Schmutzweiß der Höhenluft über. An manchen Stellen liegt Schnee. Unförmige Flecken, die unmotiviert, scheinbar zufällig in die Landschaft gekippt sind. Ein bisschen Schnee ist es um diese Jahreszeit bloß, der Rest, der immer bleibt.

Ich nehme den Schreibblock aus der gelben Plastiktüte mit der Aufschrift eines Supermarkts, in dem ich vor Jahren war. Hundert weiße Seiten stehen mir zur Verfügung. Mit schwarzem Kugelschreiber schreibe ich Datum und Namen, Gerold Ebner, auf die erste Seite.

Wieso meine Mutter mich Gerold nannte, ist mir ein Rätsel geblieben. Der Herrscher mit dem Speer. Nur wenn ich den Speer als Schreibstift interpretiere, ergibt dieser Name einen Sinn für mich. Denn dass die Feder mächtiger als das Schwert ist, davon bin ich überzeugt. Sie selbst halten mein Papier in der Hand. Vielleicht hat meine Mutter 1969 etwas davon geahnt, als sie mich als 21-Jährige im Bauch trug und entschied, mich auszutragen – wie hinderlich das auch bald für ihr Geschäft gewesen sein musste.

Welcher Freier geht schon zu einer Schwangeren? Gut, manchen ist alles egal, Hauptsache, es ist billig und ohne gröbere Komplikationen, mein Vater war wohl so einer. Irgendwann aber war ich ja so groß, da in meiner Mutter drin, dass jeder es gesehen haben muss, der im Schritttempo die Betonstraße entlangfuhr und Ausschau hielt. Irgendwann konnte meine Mutter mich nicht mehr verbergen. Als ich raus aus ihrem Bauch war, wäre theoretisch wieder Platz in ihr für andere gewesen, aber in ihr war dann überhaupt kein Platz mehr, jedenfalls nicht für Irdische, weil sie nicht mehr an der Betonstraße arbeitete, sondern in einem nicht weit von dort entfernten Kloster und Pflegeheim, wo sie Alte und Kranke pflegte und dreimal am Tag mit ihnen betete.

So war es mit den Südtirolerinnen, sagte man, sie wussten nicht, wo sie hingehörten. Mal zu den Faschisten, mal zu den Nazis, mal zu den Widerstandskämpfern. Nicht deutsch und nicht nichtdeutsch waren sie, mal hier, mal da. Meine Mutter auch. Gerade gab sie ihren mädchenhaften Körper noch irgendwelchen Schweizern hin, die über die Grenze kamen, weil Schillingfrauen billiger waren, da stellte sie sich kurz darauf dem lieben Gott zur Verfügung. Eben noch eine schwangere Nutte, dann eine Nonne, die die Männer pflegt, die sie eigentlich hätte hassen sollen.

Bei diesem nonnenhaften Leben ist sie bis heute geblieben, die Frau, die mich empfangen hat, wich nicht mehr ab, blendete alles andere aus. Dieser fromme, keusche, dienende Alltag, bei meiner Geburt hat sie damit begonnen. Nichts erhielt je eine ähnliche Bedeutung für sie. Auch ich, ihr Sohn, nicht. Als wäre es meine Schuld.

Zuerst fiel es mir freilich nicht auf. Es war, wie es war, kein Vater da und die Mutter ständig bei Gott oder den Alten und Sterbenden. Ich begann, mir die Welt selbst zusammenzubasteln. Je älter ich wurde, desto verwunderlicher kam mir Mutter vor. Beharrlich wich sie meinen Fragen aus, bis ich aufhörte, Fragen zu stellen. Jahre dauerte es, bis sie zu ihrer Vergangenheit stand. Die Gerüchte, die in der Siedlung die Runde machten, waren erdrückend geworden, da entschied sie sich, mit dem Rücken zur Küchenwand stehend, wo ich, ein Volksschüler noch, sie gestellt hatte, mir von der Tätigkeit zu erzählen, die sie vor der Krankenpflege ausgeübt hatte.

– Du hast keinen Vater, sagte sie. Es tut mir unendlich leid. Ich büße für meine Sünden, Tag für Tag, mehr kann ich nicht tun. Gott hat es so gewollt.

– Warum sollte Er so etwas wollen?, fragte ich.

– Das sind Dinge, die können wir nicht verstehen. Selbst wenn wir erwachsen sind. Nur immer auf Ihn vertrauen können wir. Müssen wir.

Das Gespräch dauerte wenige Minuten und wurde nie wieder aufgegriffen. Ich nahm die Tatsachen zur Kenntnis und wusste nun mit Sicherheit, dass die Kinder im Recht waren, die mich Hurensohn nannten. Nicht länger empfand ich es als Beschimpfung, sondern als legitime Bezeichnung, mit der ich mich abfinden würde, wie man sich mit seinem Namen, seiner Nase oder seiner Haarfarbe abfand.

Schon damals schätzte ich die Klarheit unumstößlicher Fakten. Ich mag es, wenn Gegebenheiten klargestellt, Entscheidungen getroffen, Handlungen durchgeführt sind. Den Punkt nach dem Satz mag ich, immer suchte ich diesen Punkt, und jene Phasen, in denen lang etwas unklar blieb, waren mir die unliebsten. Mutter war ähnlich, und wie ich blieb auch sie, wenn sie zu einer Entscheidung gekommen war, hartnäckig auf dem eingeschlagenen Weg. Ja, eine große Sturheit in ihrem Wesen, ähnlich der schroffen, mich heute umgebenden Landschaft, begleitete uns durch alles. Menschen wie wir verschwendeten keinen Gedanken daran, wie es anders hätte kommen können. Nur mit einer Entscheidung tat sich Mutter später schwer, so dass ich sie ihr abnehmen musste. Auch das geschah wortlos, nicht in einem Diskurs, sondern durch eine einzige unwiderrufliche Handlung, von der Mutter niemals erfuhr. Nur falls sie diese Zeilen ihres Sohnes in die Hände bekommt, wird sie verstehen, was geschehen ist. Zur Kenntnis nehmen wird sie es, stumm, trocken, und unverändert weitermachen, so wie sie es immer getan hat. Geben Sie ihr meine Zeilen zu lesen, lassen Sie sie abprallen an ihr, ändern wird sich nichts.

Vielleicht tu ich ihr unrecht, wenn ich sie so einseitig beschreibe. Wie soll ein Sohn je zu einer umfassenden Wahrnehmung seiner Mutter gelangen? Nie kann er sie als etwas anderes verstehen als eben die Mutter, nicht mehr, nicht weniger als das, und sie ihn bloß als ihren Sohn. Wie soll er ausgewogen urteilen? Was immer geschieht, die Beziehung zwischen Mutter und Sohn bleibt von einer emotionalen Distanz bestimmt, ihr gesamtes Leben ein beidseitiger Abnabelungsprozess, der nie vollzogen wird. Die Liebe zur Mutter ist so natürlich, dass der Sohn sie gar nicht erkennt. Zuerst ist er ihr zu nah, um klar sehen zu können. Später versucht er beständig, sich von ihr zu entfernen und sie auszublenden.

Ich dachte immer, so weit ich mich zurückerinnere, dass ich meine Mutter nicht liebte. Egal würde es mir sein, würde sie sterben, denn wir hatten keine enge Beziehung, kein Verständnis füreinander entwickelt. Ich hatte mich damit abgefunden, dass sie da war und dass das hin und wieder praktisch und manchmal unangenehm war. Würde sie eines Tages nicht mehr sein, wäre es genauso, in mancher Hinsicht mehr, in anderer weniger praktisch. Doch dann ergriff mich völlig unerwartet vor zehn, fünfzehn Jahren dieser Traum – ich weiß nicht, warum er mich plötzlich überfiel –, in dem meine Mutter starb. Aus irgendeinem Grund war sie gestorben, lag auf dem Totenbett, es verstörte mich zutiefst. Ich weinte, wie ich mich nicht erinnern kann, jemals vorher oder nachher geweint zu haben, ein ungekannter Schmerz überkam mich, blieb an mir haften, noch lange nachdem ich schweißgebadet aufgewacht war. Eine Leere, ein furchtbares Loch klaffte plötzlich in meinem Leben – viel unausweichlicher noch, als mich der Kummer bei den Todesfällen überkommen hatte, mit denen ich im wirklichen Leben konfrontiert war.

Am folgenden Tag rief ich Mutter an und fragte, ob alles in Ordnung sei. Sobald sie den Hörer abnahm, war das tiefschwarze Kummerloch verschwunden, diese größte emotionale Bindung, die ich je zu ihr verspürt hatte. Nur ein Traum. Die Stimme meiner Mutter zerriss die Trauerfetzen, die mir von der Nacht geblieben waren. Kaum hörte ich sie, kam mir meine Frage dämlich vor und war mir der Traum, dieses rührselige Zeug, unangenehm und peinlich. Weggefegt war der Schmerz über die verstorbene Mutter. Er kam nie wieder, aber seither weiß ich, dass unter der Oberflächlichkeit, mit der meine Mutter und ich uns begegnen, noch etwas steckt, brachliegt, mehr, als ich verstehen kann. Das zu wissen genügt mir, nie unternahm ich den Versuch, die verborgenen Tiefen zu erforschen. Lieber fand ich mich mit unserer vertrauten Fremdheit ab. Ich wüsste gar nicht, was ich anstellen müsste, um der Frau näherzukommen, die mich auf die Welt gebracht hat. Sie hat mir mein Leben gegeben, ich habe mir ein eigenes daraus gemacht. Soll ich ihr dankbar sein? Sie tat es schließlich nicht für mich, nicht bewusst. Was überhaupt hat sie für mich getan? Meine Windeln gewechselt? Mir zu essen, zu trinken gegeben? Mir das Bett gemacht und mich das Vaterunser aufsagen lassen, sobald ich mich hineinlegte? Sie pflegte mich, wenn ich krank war, aber all das tat sie als katholische Krankenpflegerin auch. Die Zehn Gebote schrieben ihr die Nächstenliebe vor, mit der sie mich und alle anderen zu behandeln hatte. Weit darüber hinaus hat unsere Beziehung nie gereicht. Wahrscheinlich lag das gerade an der geheuchelten Frömmigkeit, die sich von Anfang an als Keil zwischen uns geschoben hatte. Auch wenn mich Mutters Vorstellungen von der Welt und allem Irdischen und Überirdischen prägten und ich mich bis heute kaum davon befreien kann, so konnte ich trotzdem nie an Gott glauben. Das Glaubensgen in der rechten Gehirnhälfte, über das sie offenbar verfügt, fehlt mir. Ich plapperte ihre Gebete bloß teilnahmslos, sinnentleert nach, erduldete sie, akzeptierte früh schon, dass mit Gläubigen über den Glauben nicht zu diskutieren ist. Für mich war er nur ein Grund, warum Mutter und ich so selten und seicht miteinander sprachen. Ich liebe meine Mutter, das halte ich fest, und auch sie liebt mich, aber der liebe Gott ist immer zwischen uns gestanden und hat uns davor bewahrt, einander näherzukommen.

Wenn Sie schwindelfrei sind, kriechen Sie bitte zum Rand der Klippe vor. Beugen Sie sich ein wenig darüber und blicken Sie hinunter. Spüren Sie den Drang, der Sie hinabzieht? Es ist nicht nur die Gravitation, auch die Schönheit dieses Raums ist es, seine Tiefe, die Sie einlädt. Die direkte Todesnähe überwältigt Sie, die Grenze, an die Sie gekommen sind, die paar Zentimeter, die Ihr Leben von Ihrem Tod trennen. Wenn Sie aufstehen und sich direkt an den Abgrund stellen, mit Ihren Zehen bereits darüber hinaus, fühlen Sie, wie Sie zwischen Leben und Tod schwanken. Ein Windstoß, ein Atemzug bloß, und alles wäre unumkehrbar anders.

Ich selbst bin vorhin ganz am Rand gestanden und spürte den Schwindel spiralförmig von der Tiefe herauf in meinen Kopf ziehen, bis ich mich beides zugleich fühlte, tot und lebendig. Ich war in dem Dazwischen angekommen, wie Schrödingers Katze an beiden Orten zugleich. Ich merkte, wie ich die Kontrolle verlor, zwang mich zurückzutreten und setzte mich wieder auf meinen Felshocker.

Spüren Sie das Bedürfnis fortzufliegen, wenn Sie auf dem Gipfel stehen? Hinunterzugleiten entlang des Schiefers, nichts als ein paar abgebrochene Äste im Gestrüpp zu hinterlassen, die Ihre Flugbahn nachzeichnen, kaum erkennbare Spuren, bald ausgelöscht von Natur und Witterung? Ist noch Oktober? Wie viel Zeit wohl zwischen Fertigstellung und Fund des Schriftstücks vergangen ist?

Mutter und ich bewohnten eine Zwei-Zimmer-Wohnung in der Südtirolersiedlung. Keinesfalls nur ausgewanderte Südtiroler wohnten hier. Türken und Jugoslawen hatten sich daruntergemischt, aber alle blieben für sich, mieden einander, mochten sich nicht. Gemein war uns, dass wir alle den örtlichen Dialekt nicht authentisch imitieren konnten. Bei meinen Freunden und mir hörte man das Tirolerische durch, und auch wenn wir besser Deutsch konnten als die Nachbarn aus Anatolien und vom Balkan, waren wir außerhalb der Siedlung, kaum öffneten wir den Mund, das gleiche Gesocks wie sie. *Südtirolersiedlung* halt. Oder auch einfach nur *Siedlung*.

Tagsüber krochen wir aus den Häuserblocks, die von den Nazis Anfang der vierziger Jahre überall in Westösterreich errichtet worden waren, nachdem Hitler und Mussolini ihr Abkommen unterzeichnet hatten. Die nicht-italienischsprachigen Südtiroler sollten auswandern und in diesen Siedlungen untergebracht werden. Fast hunderttausend Menschen waren das, *Optanten* wurden sie genannt. Von Nationalsozialisten geduldet, von Faschisten vertrieben, irgendwo dazwischen hängengeblieben. Ich einer von ihnen, wenn auch nachgeboren. Dieser Erkenntnis hing keinerlei Stolz, kein Zusammengehörigkeitsgefühl, kein Chauvinismus an. Kein Lokalpatriotismus, nichts Schönes, Großes, gar Romantisches lag in so einer Herkunft, keine neue Identität hatte sich aus dem Verstoßenwerden, dem Nirgends-Dazugehören ergeben. Nur eine Zerrissenheit war es, die dieses *uns* kennzeichnete, das dadurch lange noch kein *wir* wurde. Bis tief hinein zog sie sich auch in mich, der ich rein zufällig hier gelandet war, wie jeder Mensch erstmal zufällig irgendwo landet. Ein Siedlungskind war ich, und Siedlungskinder blieben unter sich, hinter durchsichtigen Mauern abgesondert vom Rest des Landes.

Innerhalb unserer Zone trugen die Straßen Namen wie Salurner Straße, Meraner Straße, Bozner Straße. Das sollte den Optanten ein Gefühl von Heimat geben, hatten die Architekten der Nationalsozialisten wohl gedacht. Oder sie hatten sich nichts überlegt, nur rasch Häuser hingestellt, die überall gleich aussahen, dazwischen Wege asphaltiert und diese aus Mangel an Phantasie nach Südtiroler Städten benannt. Eine Straße, die nach dem Kaff benannt war, aus dem meine Mutter kam – Glurns im äußersten Vinschgau –, gab es nicht.

Erst als ich längst erwachsen war, fuhr ich mit Elena auf dem Weg nach Rom dort vorbei. Aus Spaß zählten wir, ob wir mehr Jogging- oder mehr Lederhosen zu Gesicht bekamen. Von beidem war jedoch nicht viel zu sehen, denn die Glurnser Straßen waren ausgestorben. Wer konnte, hatte dieses Nest verlassen. *Stilles Nest* wird es genannt, die kleinste Stadt Südtirols. Glurns hat sich diesen Stadtstatus bis heute erhalten, obwohl keine 900 Einwohner innerhalb der Stadtmauern hausen.

Auf Italienisch klingt der Name glamouröser: *Glorenza*. In Glorenza würde ich leben wollen, mehr Leben, mehr Passanten auf den Straßen erwarten. Doch in Glurns sprachen die Leute nicht Italienisch. Die wenigen Menschen, die uns begegneten, blickten uns grob an und sofort weg, sobald wir ihre Blicke erwiderten. Was mir an ihnen auffiel, waren die Gesichtszüge, die verhärmten Gesichter der Männer und Frauen von Glurns. Zerfurcht und ausgetrocknet wie die hochalpine Felsenwelt, die mich gerade umgibt. Der Felsbrocken, auf dem ich sitze, könnte die Visage eines Glurnsers sein. Nur brauner müsste er sein, weniger grau, braun, bis in die tiefen Furchen hinein, als würde die Sonne ständig scheinen. Vielleicht tut sie das auch, aber in dieses Loch im Tal, in das Glurns hineingeworfen ist, reichen ihre Strahlen nicht. Du stehst im Vinschgau, inmitten all der mächtigen Berge, und wenige Kilometer vor Glurns siehst du Glurns nicht, kannst es gar nicht sehen, weil es wie ein Luftschutzbunker hineingescharrt ist in die Talsenke, der Keller Südtirols, ein Schattenloch, aus dem braungebrannte Schattenmenschen kriechen. Kein Wunder, wenn sie die Option annahmen, in den Norden, die Ostmark, zu fliehen.

Sicher, es gibt noch trostlosere Orte im Vinschgau. Die ganze Südseite, die Schattenseite des Tals, ist verflucht. Ihr gegenüber glänzen die Sonnenberge, aber kaum ein Lichtstrahl dringt zur anderen Seite durch. Jemand müsste auf der Sonnenseite des Tals einen Spiegel errichten, der die Sonnenstrahlen reflektiert, damit die Pechvögel gegenüber etwas Licht abbekommen. Im Nordtiroler Rattenberg war das in Planung, einem mit Glurns vergleichbaren Kaff, das mit knapp 500 Einwohnern die kleinste Stadt Österreichs ist. Dort gibt es von November bis März nichts als Schatten, deshalb wollte der Bürgermeister vor einigen Jahren das Licht mit aufwändigen Spiegelkonstruktionen von der gegenüberliegenden Talseite holen. Doch umgesetzt wurde sein Vorhaben nie, zu teuer, zu hässlich wäre der Heliostat gewesen. Lieber blieben sie im Dunkeln, die Rattenberger, und fanden sich mit ihrem Schicksal ab. Gleich denen, die an den Südhängen des Vinschgaus ausharren.

Dort gibt es diesen Ort Platzgumm, von dem die Familie eines meiner Nachbarn in der Siedlung abstammte, die Platzgummer. Der Hansi Platzgummer war in Österreich geboren wie ich, seit Generationen bereits hatte sich seine Sippe nördlich der Alpen niedergelassen, aber trotzdem waren sie Platzgummer geblieben, konnten ihre Herkunft nicht verleugnen. Selbst für mittelalterliche Vinschgauer Verhältnisse war das Bewirtschaften dieser steil abfallenden Hänge so mühsam, dass die dort zu leben Verdammten Kummer mit dem Platz hatten – daher der Familienname. Der Platzgummer Hansi tat alles, um dieses Erbe abzuschütteln: seine drei Brüder, die aussahen wie er, seine Eltern, den sturen Bergcharakter, den sie alle hatten, die bockige Unzufriedenheit mit dem Platz, an dem er zu leben hatte. Er versuchte sich von alldem zu befreien, und doch blieb er ein Platzgummer. Oft hatten wir darüber geredet. Dann packte er eines Tages seine Sachen und flüchtete nach Amerika, so weit weg von Platzgumm, wie es nur ging. Sein Leben eine einzige Flucht aus Platzgumm, obwohl er selbst nie dort gewesen war. Er flüchtete vor etwas, das er nie gesehen hatte, das ihn jedoch verfolgte, sichtbar in ihm wurde, unausweichlich für ihn. Er flüchtete vor einer Heimat, die nicht direkt seine war, flüchtete vor dem Schatten, den die Berge seiner Vorfahren auf ihn warfen. Das imponierte mir.

Mein persönliches Platzgumm war Glurns, nicht der Schattenberg, sondern das Schattenloch. Und obwohl ich es erst als Erwachsener flüchtig kennenlernte, stammte ich aus Glurns, kam ich von dort, es war nicht zu übersehen. Jeder, den ich in diesem Kaff traf – ich muss es zugeben –, sah aus wie mein Großvater, und der sah aus wie ich. Unbestreitbar glich ich ihm, glich ich ihnen, den Glurnsern. Wenn ich durch die Pankratiusgasse schlich – alles in Glurns war dem heiligen Pankratius gewidmet –, war ich eine der verlorenen Gestalten in Jogging- oder Lederhosen, auch wenn ich andere Hosen trug. Sie waren unbezwingbar, die Vinschgauer Gene, über Generationen hinweg. Charakterstark waren sie, wie Großvater sagte – er, der so ziemlich den miesesten Charakter hatte, den ich mir vorstellen konnte.

So charakterstark waren mein bester Siedlungsfreund, der Guido Senoner, und ich zumindest, dass wir uns in der Siedlung zu behaupten wussten. Im Radio spielten sie häufig »I Only Wanna Be With You« von einer Band, die, wie wir dachten, *B-Südtirolers*, nicht *Bay City Rollers* hieß. Also nannten wir unsere Gang die *A-Südtirolers*, droschen auf kleinere Jungs von anderen Banden ein und rannten vor größeren davon. Bewaffnet waren wir alle mit U-Haken und Steinschleudern, nur die Jugos, hieß es, hatten Klappmesser, aber davon bekam ich nie eines zu Gesicht. Selbst wenn sie uns erwischten, stachen sie uns nicht ab, sondern begnügten sich mit dem damals beliebten *Rosa-Bauch-Schlagen*. Sascha Jovanic, der Anführer der Merano-Bande, sechs Typen vom hintersten Block der Meraner Straße, die wie ein Rudel Wölfe ihr Revier markierten, beherrschte diese Foltermethode wie kein anderer. Er kniet zwischen Guido und mir, die wir geknebelt rücklings auf dem Asphalt einer Hofeinfahrt liegen, an Armen und Beinen von seinen Kollegen zu Boden gedrückt. Kieselsteine bohren sich in meine Handgelenke, aber ich weiß, dieser Schmerz wird bald nebensächlich sein. In aller Ruhe zieht Sascha unsere Hemden hoch und beginnt mit beiden Händen gleichzeitig auf unsere nackten Bäuche zu schlagen, gleichmäßig, nicht allzu fest. Zu Beginn tut es kaum weh, aber schon nach wenigen Minuten beginnt die immer gleiche Stelle des Bauches, auf die Saschas Hand niederfährt, unerträglich zu schmerzen. Nach etwa zehn Minuten dreht er sich einmal um seine eigene Achse und schlägt unvermindert weiter. Nun bekomme ich seine rechte Hand ab, die mir härter vorkommt, jeder einzelne Hieb eine Tortur.

– Mein Bruder war gestern auf dem Strich, weil er eine schnelle Nummer schieben wollte, sagt Sascha, während er uns schlägt. Deine Mama war gar nicht da. Hat wohl grad einen anderen Kunden gehabt. Schade, denn so billig wie die macht es keine, heißt es.

Ich versuche, sein Geplapper zu ignorieren, seine Visage auszublenden und durch die Blätter des Kastanienbaums die Wolkenfetzen über uns zu fixieren. Es ist ähnliches Wetter wie heute hier auf dem Bocksberg. Verbissen versuche ich Wolken zu zählen, irgendetwas zu finden, das mich ablenken könnte.

– Ein bisschen alt und durchgerockt ist die Alte, höre ich Sascha sagen. Aber fesch sind sie, die Südtirolerinnen, fesch genug für die Betonstraße.

Ich lasse seine Beleidigungen an mir abprallen, weiß, dass er so lange weiterreden und schlagen wird, bis unsere Bäuche blutig-rosa sind, seine Lieblingsfarbe, wie er uns wissen lässt.

Tagelang schmerzte der Bauch. Wir mieden die Meraner Straße, so gut wir konnten, und beschränkten uns auf unser Territorium, die Salurner Straße, wo wir eine Art unsichtbare Schreckensherrschaft ausübten. Ich kannte alle Verstecke, jedes Gebüsch, alle Tunnel- und Hauseingänge, wo wir uns verschanzen konnten, und Guido war ein hervorragender U-Haken-Schütze. Aus dem dunkelsten Heizraum heraus konnte er einen U-Haken genau auf die Schläfen von Passanten platzieren. Aus dem Nichts wurden sie beschossen, blickten sich fluchend um, versuchten den Schützen ausfindig zu machen, wurden von weiteren U-Haken getroffen und flüchteten schließlich. Eines Tages fiel eine unserer Zielpersonen um und blieb liegen. Danach verlegten wir uns darauf, den schmutzigen Fußball in die Wäsche zu schießen, die auf den Wäschestangen zwischen den Häusern hing. Die Stangen dienten uns als Tor, wer dort seine Leintücher trocknete, war selber schuld. Immerhin waren wir fast Italiener, und die Italiener die besten Fußballer. Ich war Paolo Rossi und Guido Dino Zoff. Wenn ich an Dino Zoff vorbeidribbelte und den Ball zwischen den Wäschestangen unterbrachte, ließ ich mich auf die Knie fallen, rutschte durchs Gras und rief *Che bello!* oder *Ottimo!*, so laut, dass es die ganze Siedlung hörte.

Oft saßen wir auch auf dem Klettergerüst am Spielplatz, von wo aus man den besten Überblick hatte, versteckt unter den Ästen des riesigen Ahornbaums, der vom Nachbargarten herüberreichte. Den Resttabak aus Zigarettenstummeln, die wir am Heimweg von der Schule vom Gehsteig geklaubt hatten, stopften wir in eine kleine Pfeife. Genüsslich zogen wir abwechselnd an dieser Mischung, die so verdreckt war, dass wir sie für jeden Zug neu entzünden mussten. Wir inhalierten, wir husteten, wir schwärmten von dem Geschmack.

Wenn wir uns die Zeit nicht auf der Straße vertrieben, sperrten wir uns in meiner Wohnung ein. Ja, es war *meine*

Wohnung, denn Mutter kümmerte sich tagtäglich um die Alten und Kranken im Pflegeheim. Guido beneidete mich darum. Er hatte nicht wie ich einen eigenen Schlüssel, konnte nicht fernsehen und Afri-Cola trinken, so viel er wollte. Bei ihm war alles begrenzt, Raum und Cola. Zu Hause trank er Leitungswasser und hatte sein Zimmer mit vier Brüdern zu teilen, aufgeteilt auf zwei Stockbetten, so dass jede Woche wechselnd zwei der fünf Kinder im gleichen Bett schlafen mussten. Natürlich bevorzugte er mein Schlaraffenland. Wollten sich seine Brüder ihm anschließen, wusste Guido das zu unterbinden. Er war zwar nicht der Älteste, aber der Kräftigste der Senoners, ein stämmiger Kerl, tatsächlich wie ein Baumstamm, ein Baumstumpf eher, fest im Boden verankert. Nichts konnte ihn umhauen, und schnell war er außerdem. Wenn wir um die Wette liefen, gab ich spätestens bei den Hoferfeldern auf, und Guido rannte weiter, als könnte er problemlos bis ins Grödental laufen, wo seine Familie ursprünglich herkam. Er führte Handstand mit einer Hand vor und einhändigen Liegestütz, Dutzende davon. Der beeindruckendste Trick war jedoch, wenn er in der Turnhalle Anlauf nahm und die Wand halb zur Decke hochrannte, um sich mit einem Rückwärtssalto zurück auf den Boden fallen zu lassen. Das machte bei jedem Eindruck, bei Lehrern und Mitschülern und selbstverständlich auch im Karate-Klub, dem wir noch als Volksschüler beitraten. Schon nach dem ersten Training hatte Guido alle auf seiner Seite, sogar die Braungürtel zollten ihm Respekt. Wann immer er das Dojo betrat, drängte sich ein Knäuel von jungen Männern um ihn. Ich sonnte mich in Guidos Glanz. Auch wenn ich nicht annähernd so stark wie er und so talentiert für Shōtōkan-Karate war, so war ich doch sein bester Freund, ich, der Ebner Gerold, stets an der Seite dieses zukünftigen Meisters. Seine Kihon-Techniken wirkten, als hätte er sie seit seiner Geburt geübt. Bei seiner ersten, der Weißgürtelprüfung, vollführte er die Handtechniken so aggressiv und die Fußtechniken so blitzschnell, dass er den Gelbgürtel übersprang und sofort zum orangen, dem siebten Kyū, eingestuft wurde. Schon nach wenigen Wochen ließ ihn der Sensei in Probekämpfen gegen dritte und zweite Kyū-Träger antreten, und nicht selten verließ Guido die Kampfzone als Sieger.

Hätte er den Unfall nicht gehabt, wäre Guido wohl heute selbst Sensei und hätte einen hohen Schwarzgürtel, mindestens den dritten oder vierten Dan umgebunden.

HITOTSU

Ein Blick auf meine Casio-Armbanduhr. 10:24. Die Sonne noch überraschend tief zu meiner Linken. Ich sitze auf Augenhöhe mit ihr, bis sie in etwas mehr als acht Stunden zu meiner Rechten vom Himmel fallen wird. Kein Mensch in meinem Blickfeld, die Welt beachtet mich und den Bocksberg nicht, das ist gut so. Ich hänge nicht an ihrer Aufmerksamkeit, wie andere es tun. Von einem deutschen Schriftsteller habe ich einmal gelesen, dass er sich aus Enttäuschung über seinen literarischen Misserfolg das Leben nahm. Er stieg auf einen Stapel, den er aus seinen erfolglosen Büchern und Manuskripten errichtet hatte, und sprang von seinem Œuvre aus in den Strick. Würde ich all meine Tagebücher und die zwei ausgeuferten Romanmanuskripte übereinanderstapeln, die ich verfasst und nie vollendet habe, der Absprung von meinem Werk könnte mich kaum töten. Ein erbärmliches, pathetisches Scheitern. Ich befinde mich auf dem Bocksberg, weder auf einem Manuskriptstapel noch auf dem Mount Everest.

Sensei Kaneyama, der Guido und mir sowie einer Handvoll weiterer Jugendlicher die traditionellen Lehren des Shōtōkan-Karate vermittelte, wurde nicht müde darin, uns an unsere individuelle Nichtigkeit zu erinnern. Die Kampfkunst, wie er sie verstand, bestand in erster Linie darin, das Kämpfen zu vermeiden. Wie um jeder Aufmerksamkeit zu entkommen, saß der Sensei vor und nach dem Training allein in einem Eck des Dojos. Gespenstisch in sich gekehrt, erreichte er das Gegenteil seines Bestrebens, nämlich unser höchstes Interesse. Fasziniert, verstohlen beobachteten wir ihn, während wir uns aufwärmten und dehnten, fast ängstlich blickten wir heimlich zu ihm hinüber und versuchten, die vorgeschriebenen Aufwärmübungen korrekt auszuführen. Unentwegt spürten wir, wie er reglos über uns wachte und ohne hinzusehen von jeder Kleinigkeit Notiz nahm, die sich in der Halle abspielte. Auch wenn er sich nicht rührte und kaum zu atmen schien, war er das Zentrum des Raums, der innerste Punkt eines Trichters, in den er den Raum verwandelte. Jederzeit schien er zu allem bereit, auch dazu, uns in Sekundenschnelle zu töten, müsste es sein. Bewegte er sich nicht, dann nur, weil es keinen Anlass gab und eine solche Phase dazu diente, Energie zu bündeln, die in späteren Techniken freigesetzt würde. Der Respekt, den wir Sensei Kaneyama entgegenbrachten, basierte hauptsächlich auf

Angst. In all den Jahren seines Unterrichts gab er uns keine Möglichkeit, ihn zu mögen oder gar als Partner anzusehen. Er hätte das als Schwachpunkt interpretiert. Nie wechselte einer seiner Schüler ein privates Wort mit ihm – was nicht nur an der Sprachbarriere lag, denn er redete nur Japanisch und brockenweise Italienisch, denn sein Fokus in Europa lag auf der Gründung einer Karateschule in Mailand. Er bildete Karatekas aus, formte Menschen wie uns ganzheitlich zu Karatekas. Nur das zählte.

Ohne uns dessen bewusst zu sein, wollten wir dem Sensei gefallen, buhlten um seine Anerkennung, sehnten uns danach, von ihm gelobt zu werden, in welcher Sprache auch immer, sei es nur mit einem Blick. Das Niveau des Senseis strebten wir an, besonders Guido, der um sein außergewöhnliches Talent wusste und einen Sascha Jovanic mit kurzen, schnellen Schlägen zu Boden bringen wollte, von wo dieser, wenn es sein musste, sich nie mehr erheben würde. Besessen von diesem Gedanken ließen wir die Tortur des dreimal wöchentlichen Trainings über uns ergehen. Unsere Hände sollten Waffen werden, einem Revolver gleich. Schließlich wurde, wer mit gezielten Karatetechniken einen Gegner auf der Straße attackierte, des Waffenmissbrauchs beschuldigt. Wir lernten die Knock-out-Punkte zu finden, an denen wir Gegner lähmen oder bewusstlos schlagen konnten. Wir übten den Finishing Blow und Tricks, um mit bloßen Händen wie mit einem Dolch einen Menschen zu töten. Nie wieder würde mir ein rosa Bauch geschlagen werden. Doch hauptsächlich lehrte Sensei Kaneyama uns, derartigen Situationen aus dem Weg zu gehen. Geduld und Zurückhaltung stellte er an vorderste Stelle. Das erste Jahr ließ er uns ausschließlich marschieren, vorwärts und rückwärts, vorwärts und rückwärts, in genau vorgeschriebenem Winkel und Tempo die Halle hinauf, die Halle hinab. *Ich – Ni – San – Chi – Go*, zählte er unaufhörlich. Endlose Reihen schritten wir durch die Turnhalle, bis die feinen Nadelstiche des Schmerzes unsere Oberschenkel so sehr durchbohrten, dass diese zitterten und zuckten und sich tagelang nicht erholten. *Ich – Ni – San – Chi – Go!*

Nur wer vollkommene Kontrolle über die Energieflüsse in seinem Körper erlangte, lehrte Sensei Kaneyama, konnte diese freisetzen. In kurzen Schaukämpfen demonstrierte er, wie das geschah. Er zeigte auf einen von uns, der ihn anzugreifen hatte. Wenige Sekunden später lag dieser rücklings auf dem Boden. Die Schwerthand des Senseis schoss auf ihn zu, und erst, wenn sie die Haut berührte, kam sie abrupt zum Stillstand. Es schien, als hätte sie durch den Brustkorb des Schülers hindurchschießen können. So schnell ging es, dass wir nicht verstehen konnten, was passiert war, und auch wenn der Sensei im Folgenden erklärte, was er gemacht hatte, verstanden wir nur vage, was er meinte. Doch wir nickten, wagten nur zu nicken und *Os* zu sagen, lauthals *Os!* zu rufen, wie es uns befohlen war, *Ja, Sensei, os! Verstanden!* Kein anderes Wort war uns erlaubt. Auch durften wir es nicht murmeln oder ohne Überzeugung von uns geben. Selbst wenn wir nicht verstanden, mussten wir mit *Os!* antworten. Sämtliche Kommunikation wurde damit besiegelt, ein *Nein* oder ein *Wie bitte?* gab es nicht. Dieses stumpfe *Os!* ging mit großer Selbstverständlichkeit in mein Alltagsleben über. Selbst in der Schule und meiner Mutter antwortete ich oft mit *Os*, was meist als Beleidigung aufgefasst wurde. Sogar heute noch begleitet mich dieses Wort. Es ist ein Teil von mir geworden, und wundern würde es mich nicht, sollte es das letzte Wort sein, das ich jemals spreche. *Os!*

Irgendwann war Sensei Kaneyama zumindest mit Guidos Schritt so weit zufrieden, dass wir unsere Arme hinzunehmen durften und erste Schlagtechniken lernten. Oi Tsuki Chodan. Oi Tsuki Chudan. Uraken. Bis ins kleinste Detail perfektionistisch, selbst nach tausendfacher Übung nicht einwandfrei ausgeführt. Ich war nahe daran aufzugeben. Das Training erschien mir als weltfremder Unfug, der nirgendwo hinführen konnte, wo ich ankommen könnte. Guido aber ließ sich nicht beirren. Der Sensei wisse, was er tue, sagte er, und hörte nicht auf, sein Bestes zu geben. Guidos Lebensmittelpunkt wurde der Kumite-Kampf, in dem er, von pedantischen Vorschriften geregelt, endlich die Kihon-Techniken anwenden durfte, die er jahrelang trainiert hatte. Ich, der ich mich nicht als tauglicher Zweikämpfer erwies, konzentrierte mich auf die Kata, die Kür des Karate. Doch auch darin kam ich nie über das Mittelmaß hinaus, dem Sensei Kaneyama wenig Beachtung schenkte. Wir hätten Talent, Guido mehr, ich weniger, gab er uns zu verstehen, aber ungeduldig und undiszipliniert seien wir beide gleichermaßen. Erst wer eine Kata mindestens tausendmal ausgeführt habe, würde sie einigermaßen beherrschen. Wir müssen uns entscheiden, legte er uns nahe, ob wir anständig trainieren wollen oder besser heimgehen und nie mehr kommen. *Ich – Ni – San – Chi – Go!* Guido motivierten derartige Ansagen. Er brachte es deutlich weiter als ich, absolvierte eine Gürtelprüfung nach der anderen, regelmäßig holte er sich Pokale und Medaillen bei Wettkämpfen ab. Doch letztendlich reichte auch für ihn die Zeit nicht aus.

In meinen Tagebüchern können Sie nachlesen, wie wir zwischen meiner Resignation und Guidos Motivation pendelten. Die Hefte sind im Schrank meines Kinderzimmers in der Salurner Straße. Meine Mutter wird sie nicht weggeworfen haben, auch nicht heimlich gelesen. Wenn Sie wollen, rufen Sie sie an. Sagen Sie, ich hätte Sie beauftragt, meine Tagebücher zu holen.

Die Merano-Bande verlor auch ohne Anwendung unserer Karatetechniken irgendwann ihren Schrecken. Sascha Jovanic sah man in der Siedlung nicht mehr. Auch seine Kollegen schlichen nur noch vereinzelt durch die Straßen. Kein Wolfsrudel mehr, eher einsam umherstreichende Beta-Wölfe, keine Jäger mehr, sondern scheue Gestalten. Ich trug bereits den Grüngürtel und Guido mindestens violett, da erfuhren wir, was vorgefallen war. Unser Kumpel, der Peter Innerhofer, erzählte uns, dass Sascha Jovanic bei einer Mutprobe von einem Brückenpfeiler gestürzt und tödlich verunglückt war. Sie waren eine Autobahnbrücke über der Ach hochgeklettert, und Sascha hatte das Gleichgewicht verloren. Einige Monate lag er im Feldkircher Krankenhaus, dann starb er von einem Tag auf den anderen.

– Ich weiß nicht, ob die anderen auch hinaufgeklettert sind, oder ob der Sascha es allein versucht hat und die anderen von unten zugeschaut haben, sagte Peter.

– Die werden sich da nicht raufgetraut haben, sagte ich.

– Sicher nicht.

Darüber waren wir drei uns einig.

– Sind ja keine Südtiroler, sagte Guido.
– Eben.
– Ein Wunder, dass der Sascha sich das überhaupt getraut hat.
– Hätte er besser nicht.
– Selber schuld.

Wir selbst befanden uns in diesem Augenblick gut dreißig Meter über dem Boden, über einer Baustelle, um genau zu sein, hoch in der Luft mit unseren Ärschen frei nach unten hängend. Wir waren nachts in eine Baustelle eingedrungen und hatten einen Baukran bestiegen.

– Südtiroler kennen keine Höhenangst, sagte Peter.

Guido und ich blickten hinunter, spuckten hinunter, gaben Peter recht. Es hatte uns kaum Überwindung gekostet, in der Dunkelheit an der Außenseite des Kranturms hinaufzuklettern, bis wir dessen Arm erreichten – den sogenannten Ausleger, wie Peter wusste. Um zum äußersten Ende des Auslegers zu gelangen, mussten wir horizontal eine ähnliche Strecke bewältigen.

– Das Rübergehen ist gefährlicher als das Raufklettern, wusste Peter.

Das Eisen des Krans war feucht und rutschig. Dennoch initiierte Peter ein Wettrennen, wer am schnellsten den äußersten Punkt des Auslegers erreichte. Trotz aller Karate-Schrittübungen, die Guido und ich absolviert hatten, beim Kranrennen hängte uns Peter ab. Auf Baustellen kannte er sich einfach aus, wohl auch weil sein Vater dort arbeitete. Peter landete später natürlich selbst am Bau – bis er Jahre später in einen offenen Stromkreis griff und tot von der Baustelle getragen wurde. Solang er aber am Leben war, besonders als Kind, sprang Peter von einer Idee zur nächsten. Sobald er ganz vorne am Kranarm angelangt war, ließ er sich mit beiden Händen runterhängen, was nicht einfach war, denn das Eisengerüst war zu dick, um es mit einer Kinderhand ganz zu umfassen, einer Teenagerhand, genauer gesagt.

Ist, wer ein *Teen* in seinem englisch ausgesprochenen Alter trägt, kein Kind mehr? Wo verläuft die Grenze zwischen Kindern und Jugendlichen, Jugendlichen und Erwachsenen? Wir hatten früh unsere Kindheit abgestreift und lebten fast selbständig. Ich trug mit sieben den Wohnungsschlüssel in der Tasche und war meist auf mich allein gestellt.

– Das ist gut so, sagte Mutter. Du lernst, selbständig zu sein. Je früher, desto besser.

Sie selbst war als Teenager aus Glurns abgehauen und später bei einem entfernten Verwandten in der Siedlung untergekommen. Auf nähere Einzelheiten ging sie nicht ein, offenbar war Selbständigkeit für sie mit Verschwiegenheit gekoppelt. Auch von mir erwartete sie, still und selbständig meinen Weg zu gehen, Inzersdorfer Gulasch, Spaghetti mit Ketchup-Sauce oder Rührei zu kochen und niemanden daran teilhaben zu lassen. Noch im Kindesalter sollte ich aufhören, ein Kind zu sein. Andere beneideten mich um diese Freiheit.

Selbständig wie wir waren, hingen wir vom Ausleger des Krans, der Peter, der Guido und ich, baumelten ungesichert dreißig Meter über dem Boden. Ich gab es nicht zu, aber meine Handflächen waren schweißnass, und ich konnte meinen Griff nicht lang halten. Mit letzter Kraft zog ich mich hoch.

– Cool, sagte ich. Voll lässig!

Vielleicht war ich doch kein hundertprozentiger Südtiroler? Schließlich konnte der Mann, der mich gezeugt hat, ein Schweizer Geschäftsmann gewesen sein, ein polnischer Lastwagenfahrer oder ein biederer österreichischer Ehemann. Irgendein Flachländer wahrscheinlich, sonst hätten meine Handflächen nicht so geschwitzt.

Wie geht es Ihnen, wenn Sie auf dem Bocksberg sitzen und in die Tiefe blicken, in die der Berg vor Ihnen abbricht? Haben Sie nasse Handflächen? Oder haben Sie meinen Text längst mitgenommen und lesen diese Zeilen zu Hause oder in Ihrem Hotelzimmer?

Einen Sturz vom Kran hätten wir genauso nicht überlebt wie Sascha seinen Sturz von der Autobahnbrücke. Dreißig Meter unter uns der Rohbau mit all dem Beton und diesen fetten Baustahlverbindungen, die aus der Verschalung wie rostige Grashalme herausragten.

Ich verfluchte die Schweißschicht zwischen meinen Handflächen und dem Eisen, besonders wenn Peter uns dazu brachte, mit der linken Hand loszulassen und für kurze Zeit einhändig in der Luft zu hängen. Der kleinste Rutscher, und das Leben, von dem ich Ihnen berichte, wäre vorzeitig beendet gewesen. Dennoch überwand ich mich, tat ich es, taten wir es alle drei, mehr als nur einmal.

– Yeah!, brüllte Peter in die Nacht hinein.

Später hatte er einen weiteren Einfall.

– Hat wer schon mal von einem Kran hinuntergekackt?

Peter, immer interessiert an Neuem, machte sich sofort an die Umsetzung seiner Idee, kletterte weit hinaus auf den Ausleger, zog Hose und Unterhose hinunter und klemmte sich mit den Kniekehlen an einer der massiven Eisenverstrebungen ein. Nun fasste er rückwärts nach der nächsten Verstrebung und ließ sich nach hinten durchhängen. Wie auf einer unsichtbaren Hängematte hing Peter mit nacktem Arsch in der Luft. Es sah alles andere als bequem aus. Schon presste er, und wir hofften, dass er sein Geschäft bald erledigt haben würde, denn allzu lange würde er diese Stellung nicht halten können. Peter stöhnte und jubilierte. Majestätisch segelte ein Stück Scheiße durch die Luft. Fasziniert und angewidert beobachteten wir, wie es sich geräuschlos in der Dunkelheit verlor. Auch wenn kein Aufprall zu hören war, wussten wir, dass irgendwo auf der Baustelle am nächsten Tag ein Bauarbeiter Peters Scheiße finden würde. Dann kämpfte sich Peter wieder hoch, wischte seinen Arsch auf dem Eisen ab, zog seine Hose hinauf und kehrte zu uns zurück.

– Das hätten wir filmen sollen, sagte er. Wollt ihr nicht auch?

– Ich muss grad nicht.

– Ich auch nicht. Leider. Ist sicher cool.

Statt weitere Mutproben zu machen, ließen wir die Pfeife mit den Kippenresten die Runde gehen. Wir blickten auf die dunklen Häuser unter uns, über die Felder, schwarze Flecken zwischen orange beleuchteten Straßen, und über die Stadt, die uns zu Füßen lag. Der See spülte dünne, weiße Gischtlinien ans Ufer und verlor sich in der Finsternis. Nur undeutlich waren die Schweizer Berge am Horizont zu erkennen und die Hügel, die, von den Wohlhabenden bewohnt, zu ihnen führten.

Wohnen wir eigentlich in der Stadt oder auf dem Land?, fragte ich in die Runde.

Es war schwierig zu unterscheiden, wo die Stadt das Land übernahm. Im Rheintal schließt eine Ortschaft direkt an die nächste. Lauter aneinandergrenzende Stadtteile, und doch ergeben sie in Summe keine Stadt. Die Provinz wird nicht urbaner, wenn sie sich mit anderen Provinzen zusammenschließt.

– In der Vorstadt, sagte Peter.

– In der Siedlung, sagte Guido.

Er hatte recht. Südtirolersiedlungen gab es hier überall, und alle waren gleich. Manche ausgedehnter als andere, aber überall die gleichen Häuser, die gleichen Straßen, die gleichen Namen. Überall ein Guido, ein Gerold, ein Sascha Jovanic.

– Den Sascha gibt es bei uns nicht mehr, sagte Peter.

– Zum Glück, sagte ich.

– Den sind wir los, sagte Guido.

– Saschas Aufprall auf dem Boden unter der Autobahn hat man sicher gehört.

– In die Ach ist er geplatscht. Im Wasser ist er aufgeschlagen!

– Bei dieser Höhe ist Wasser so hart wie Beton.

– Wie auch immer, plump wie ein Sack wird er hinuntergefallen sein, nicht so elegant wie die Wurst, die ich vorhin abgeseilt habe, sagte Peter und lachte.

Mehrfach verglichen wir Sascha mit einem Stück Scheiße. Dann stellten wir uns genauer vor, wie sein Unfall verlaufen sein könnte, und kamen zu der Vermutung, dass doch auch andere Bandenmitglieder den Brückenpfeiler hochgeklettert sein könnten.

– Vielleicht hat einer der Meranos versucht, Saschas Leben

zu retten? Vielleicht wollte ihn einer an den Händen halten, sagte ich. Oder an den Füßen?

– Und dann wurde ihm irgendwann das Gewicht zu schwer, und er ließ los.

– Wäre das dann nicht Mord, wenn man ihn fallen lässt?

– Totschlag wäre es.

– Nein, unterlassene Hilfeleistung nennt sich das.

Peter sah jede Folge von »Aktenzeichen XY ungelöst« und wusste mit kriminalistischen Begriffen umzugehen.

– Man könnte die Meranos anzeigen!, sagte Guido aufgeregt.

Peter und ich aber wollten uns von diesen Rachegelüsten nicht anstecken lassen.

– Wir wissen doch gar nicht hundertprozentig sicher, dass es so gelaufen ist, sagte ich.

– Niemand weiß es hundertprozentig sicher. Peter hat gesagt, sie haben seinen toten Körper unten am Boden gefunden, sonst nichts.

– Nicht im Wasser?

– Vielleicht auch im Wasser ...

– Jedenfalls ist unsere Theorie, dass die Meranos ihn fallen lassen haben, so gut wie jede andere.

– Und wenn schon. Willst du zur Polizei gehen und sie anzeigen?

– Anzeige gegen unbekannt erstatten, nennt sich das, sagte Peter. Ich will aber nichts damit zu tun haben.

– Ich auch nicht, sagte ich.

Auch Guido wollte eigentlich nichts damit zu tun haben. Die Meranos waren genug gestraft. Wir alle hatten gesehen, wie geknickt sie durch die Straßen schlichen.

– Überhaupt wäre es Selbstmord gewesen, Sascha beim Absturz halten zu wollen, egal, ob an Händen oder Füßen, sagte Peter. Der reißt dich doch glatt mit.
– Dann segeln zwei Meranos runter. Machen einen Wettflug. Senkrecht in die Tiefe. Und der Schwerere kommt als Erster an.

Peter widersprach Guido. Er war davon überzeugt, dass bei dieser Höhe das Gewicht keine Rolle spiele. Der, der gewinnen wolle, müsse, um den Luftwiderstand zu verringern, die Arme wie beim Kopfsprung ausstrecken und mit gefalteten Händen hinunterschießen.

– Wie beim Gebet, sagte ich.
– Sich in den Tod beten, nannte es Guido.
– Sich totbeten, sagte Peter und lachte.

Auch bei den Innerhofers und in der Senoner-Familie wurde jeden Morgen, jeden Abend, vor jeder Mahlzeit ein Gebet gesprochen. Für uns alle war das Danksagen, Preisen, Um-Verzeihung-Bitten zur Gewohnheit geworden.

– Vater unser, der Du bist im Himmel, geheiligt werde Dein Name ...

Peter begann es so schnell er konnte herunterzuspulen und gab vor, dabei im Sturzflug durch die Luft zu segeln.

– Dein Reich komme!, schrie er. Wie im Himmel so auch auf ... Ah! Aufschlag! Boing!

Niemand konnte so perfekt einen Unfall simulieren wie Peter. Beinahe übertrieb er jedoch bei seiner Darstellung, fast wäre er ausgerutscht und selbst vom Ausleger in die Tiefe gestürzt. Gerade noch konnte sich Peter an einer Eisenverstrebung halten.

– Vorsicht!, brüllten Guido und ich.

Und dann lachten wir. So heftig lachten wir, dass wir fast alle drei vom Kran gefallen wären.

HITOTSU

Nicht nur Kräne, auch Kanalschächte oder Tunnels, durch die wir robbten, hatten es uns angetan. Oder Bahngleise, auf die wir uns mit verbundenen Augen legten. Wir blieben so lange liegen, bis wir das Singen der Gleise hörten, versuchten dann zu erraten, aus welcher Richtung der Zug kam, und warfen uns zur Seite. Das war nicht schwierig, aber trotzdem aufregend. Beschäftigungen dieser Art fielen dem Peter Innerhofer ständig ein, bis zu seinem Tod, immer lotete er den Grenzbereich zwischen Überleben und Nichtüberleben aus. Nicht Mut und Abenteuerlust trieben ihn an, vielmehr war es eine Todessehnsucht, der er sich hingab, ein immerwährendes Herausfordern des Sterbens, ein Selbstmord auf Raten. Je älter Peter wurde, desto gefährlicher sein Treiben, bald kamen technische Hilfsmittel und Motoren ins Spiel. Als Kind klaute er Fahrräder, um auf diesen nachts über das Sprungbrett des Strandbads so schnell und so weit er konnte über den See hinauszusegeln. Jubilierend schlug er auf der Wasseroberfläche ein. Das Rad sank auf den Grund des Sees, und Peter schwamm zurück ans Ufer, wo wir ihn feierten. Bald jedoch interessierten ihn Zweitakter mehr, und später auch Autos, schrottreife, ausrangierte Vehikel.

Die motorisierte Ära leitete das Moped ein, das der Platzgummer Hansi zurückließ, als er Mitte der achtziger Jahre beschloss, den alten Kontinent zu verlassen und nach Amerika auszuwandern, um Rockstar zu werden. Mit Erspartem bezahlte er einen Flug von Zürich nach New York und besorgte sich bei der amerikanischen Botschaft in Wien ein Touristenvisum. Drei Monate wollte er legal im Land bleiben, danach illegal, bis jeder in den USA seinen Namen kennen und er eine Green Card erhalten würde. Peter sollte ihn, weil der Zug zu teuer war, mit dem Moped zum Zürcher Flughafen bringen, über einen der nachts unbesetzten Schweizer Grenzposten und selbstverständlich mit gestohlenem Benzin. Treibstoff zu stehlen war einfach, denn kaum ein Auto besaß einen verschließbaren Tankdeckel. Ekelhaft aber war es, mit einem Schlauch in den fremden Tank zu tauchen und so lange daran zu saugen, bis man das Benzin zuerst in den Mund und dann in den eigenen Tank bekam. Stunden dauerte es, mit Tic Tacs und Kaugummis den widerlichen Geschmack wieder loszuwerden. Den Tank der KTM Quattro füllten wir drei Viertel voll und mischten, bis er überlief, Heizöl dazu. Hundert Kilometer weit konnte man so fahren. Hansi berechnete zwei Tage Fahrzeit bis Zürich. Wenn er erfolgreich am Terminal abgeliefert und in sein glitzerndes Leben auf der anderen Seite des Atlantiks gestartet war, durfte Peter als Dank das Moped behalten. *Viel Spaß mit der Quattro!* waren laut Peter die letzten Worte, die Hansi an ihn richtete, bevor er mit feierlichem Schritt, seine Gitarre in der Hand, das Gate betrat. Er hatte sein Moped und alles andere hinter sich gelassen und war bereit für eine Neue Welt, die ihn erwartete.

Wir hörten nie wieder von ihm. Oft überlegte ich, was aus ihm und seinen Träumen geworden sein mochte. Zum Rockstar, dessen Ruhm sich auch hierzulande herumgesprochen hätte, hat er es jedenfalls nicht gebracht. Doch zurückgekehrt ist er auch nicht. Wenn er nicht gestorben ist, fristet er wohl heute ein wenig spektakuläres Dasein in Amerika oder sonst wo. Hätte ich gewollt, hätte ich Jahrzehnte später mithilfe des Internets sicher herausfinden können, was mit ihm geschehen ist. Wahrscheinlich hätte ich Informationen über ihn gefunden, aber ich machte mir die Mühe nicht. Ich mag keinen Überfluss, auch nicht den Überfluss an Informationen. Er schreckt mich ab. Die Suchmaschinen dieser Welt können ohne mich auskommen. Ich will mich von ihnen nicht mit Auskünften füttern lassen, die für mein Leben keine Bedeutung haben. Eine unendliche Informationskette, die nirgends beginnt und nirgendwo endet, verunsichert mich. Zu viel von allem bietet sie mir an und trotzdem nur die halbe Wahrheit. Ich bevorzuge die Bibliothek und lese bedrucktes Papier. Je länger etwas dauert, je kleiner die Auswahl, desto angenehmer. Je überschaubarer, desto sorgfältiger, befriedigender für mich. Es gibt hier im Land eine großartige Bücherei, die ich Ihnen empfehlen kann. Räume, Hallen voller Wissen, untergebracht in einem ehemaligen Benediktinerkloster, mehr als genug für ein ganzes Menschenleben ist dort zu finden. Was soll ich mich im Netz verlieren, wenn auch dieses höchst unvollständig bleibt?

Mein Schriftstück, das Sie in Händen halten, ist von Hand auf Papier geschrieben und nirgends erfasst, in keinem digitalen, der Öffentlichkeit zugänglichen Archiv. Und trotzdem ist es Teil der Wirklichkeit, ist es real, so wahr, wie ich von meiner subjektiven Perspektive aus etwas als wahr bezeichnen kann. Es existiert, wie ich existiere, und seit Sie es haben, ist es, wie ich, auch ein Teil Ihrer Realität geworden. Und dennoch mit keiner Suchmaschine auffindbar. So einfach funktioniert die Welt nicht. Was immer wir erinnern, wir haben es nicht gegoogelt, sondern erlebt. Nur umfassende Sinneserfahrungen bleiben uns. Die aber können wir nicht virtuell machen. So schön oder hässlich die Bilder sind, auf die Sie im Internet stoßen, sie haben eine kurze Halbwertszeit und werden Ihnen verlorengehen, sie sind zu flach, dringen nicht tief genug ein. Glauben Sie mir, ich spreche aus Erfahrung. Das Bild eines Toten auf dem Monitor mag abstoßend sein, dennoch ist es nicht vergleichbar mit einem wirklichen Toten, der neben Ihnen liegt und für immer in Ihrem Gedächtnis bleibt. Erst, was Sie mit all Ihren Sinnen tun, sehen, riechen, berühren, hinterlässt den bleibenden Eindruck und beschreibt ein Bild, auf das Sie vertrauen können. Besonders, wenn es Sie unerwartet ergreift. Mein Leben war von Zufällen bestimmt. In alles wurde ich marionettenhaft verwickelt, konnte bloß noch reagieren, nie über mein Schicksal regieren. Nichts ist so mächtig wie das, was uns, anstatt unserem computergenerierten Profil zu entsprechen, wider alle Berechenbarkeit zufällt. Die Größe des Lebens, der Tod, die Liebe, sie befiel mich nur im dreidimensionalen Raum. Nur dort begreife ich sie. Alles andere ist nicht wert, sich damit abzugeben.

Sie dürfen mich altmodisch nennen, aber weltfremd schimpfen Sie mich bitte nicht, denn weltfremd ist, wer den Kontakt zur Welt verloren hat. Ich sitze fest auf dem Felsen, spüre seine Geschichte, spüre meine eigene, spüre ihr nach. Ich suche in der Vergangenheit, weil ich die Gegenwart nicht fassen kann und mir zugestehe, von der Zukunft keine Ahnung zu haben. Ich fasse das bislang Erlebte zusammen, mehr bleibt mir nicht zu tun. War Stefan Zweig etwa ein weltfremder Gestriger, als er 1941 in seinem brasilianischen Exil saß und ohne Hilfsmittel, Suchmaschinen oder Aufzeichnungen, nur aus seinem Inneren heraus Memoiren über das Europa verfasste, das von einem Krieg in den nächsten, von einer Barbarei in die nächste schlitterte? Subjektivität im Blick soll nicht mit Weltentrückung verwechselt werden. Ich ziehe sie der scheinbaren Objektivität vor, die ja immer nur vorgegaukelt ist, weil der Mensch ihrer gar nicht mächtig ist. Zweig begriff das. In gutem Recht machte er sich die Weltgeschichte zu eigen, und kurz nach seinem Augenzeugenbericht wählte er den Freitod. Genug war auf ihn eingewirkt worden, mehr als ein Mann verkraften konnte. Sich selbst und seiner Frau verabreichte Zweig die Überdosis. Auch ich hätte mir das mit Elena vorstellen können.

Wie der Zufall mit dem Platzgummer Hansi verfuhr und was aus ihm letztendlich geworden ist, fand ich nie heraus. Dass der Peter Innerhofer aber zwei Tage später vom Zürcher Flughafen zurückkam, das sahen wir. Wir gratulierten, zollten ihm, wie so oft, Respekt. Die KTM Quattro war nun die seine. Schon nach kurzem frisierte Peter sie auf, verpasste dem Auspuff einen Kurzschnitt und ergriff weitere Maßnahmen, um sie schneller, lauter, verbotener zu machen. Das Moped hielt diese Modifikationen nicht lang durch. Auch das minderwertige Treibstoffgemisch und häufige Unfälle setzten ihm zu. Statt auf den Straßen war die Quattro mehr in den Werkstätten zu finden, in denen Peter sie bearbeitete. Schließlich geriet sie in einem Hinterhof in Vergessenheit, wo sie in sich zusammenfiel. Peter war auf sein erstes Auto, einen VW Käfer, umgestiegen. Niemand wusste, woher er ihn hatte. Das Beste an dem desolaten Fahrzeug war, dass es keine Vorrichtungen für Gurte besaß. Selbst als die Gurtenpflicht eingeführt wurde, musste sich niemand anschnallen. Der Wagen rutschte mit Sommerreifen über eisige Straßen, wir kullerten in seinem Inneren übereinander. Peter brachte den Käfer in manchen Kurven so weit, dass er sich überschlug und, wenn er keine vollständige Rolle schaffte, auf dem Dach liegen blieb. Mit vereinten Kräften hievten wir ihn zurück auf die Reifen. Wir liebten es, auch wenn wir Schrammen und blaue Flecken davontrugen. Bald aber nahmen Mädchen in Peters Käfer Platz, mit denen er Fahrten in die Berge und Wälder unternahm. Bald interessierten uns alle Mädchen mehr als alles andere. Ich lernte Elena kennen, und selbst Guido begann Anfang der neunziger Jahre das Karate-Training zu vernachlässigen. Peters Jagd nach Nervenkitzel fand ein Ende, und allmählich verloren wir uns aus den Augen. Peter verdiente wie ich sein Geld, wenn nicht als Getränkelieferant oder mit anderen Gelegenheitsarbeiten, großteils auf dem Bau, meist jedoch waren es andere, größere Baustellen als jene, auf denen ich beschäftigt war. So erfuhr ich von seinem Unfall nur aus zweiter Hand.

Mit einem Kollegen verlegte Peter auf der Baustelle Kabel und übersah dabei eine Hochspannungsleitung. Vermutlich waren die beiden betrunken, wie damals nach der Mittagspause ein jeder im Baugewerbe. Der abgerissene Draht, der von einer Leitung herunterhing, fiel ihnen nicht auf. Sobald Peter mit ihm in Berührung kam, durchfuhren 15 000-Volt-Stromschläge seinen Körper und verbrannten ihn von innen und außen her. Er schrie und zuckte, konnte sich aber dem

Stromkreis nicht entreißen, in den er geraten war. Mit jeder Sekunde verschmolz er enger mit dem Starkstrom, diesem furchtbaren Blitz, den er jetzt erdete. Vollkommen aussichtslos war es, sich allein aus dieser Situation befreien zu wollen. Peter war dazu verdammt, als Ableiter im Stromkreis festzuhängen, bis seine Materie gänzlich ausgebrannt gewesen wäre oder jemand die Stromquelle ausfindig machen und abschalten konnte.

Leider stand sein Kollege unter Schock. Der Peter glühte, berichtete er später. Brennen tat er, seine Knochen, seine Haut, seine Haare. Er brannte eine entsetzliche Ewigkeit, sein Körper ein zuckender, feuriger Kabelstrang. Allen Anwesenden musste klar gewesen sein, dass jegliche Hilfe zu spät kommen würde. Besser, sie hätten den Starkstrom sein Tötungswerk gleich vollenden lassen und den armen Teufel aufgegeben. Der Kollege aber hatte, sobald er sich aus der Schockstarre löste, eine Idee, einen Einfall, der nur aus schierer Verzweiflung entstehen konnte. Nachdem Schrecksekunden, Schreckminuten vielleicht, zu lange jedenfalls, um wirklich noch Hilfe zu leisten, verstrichen waren, ersann er eine Rettungsmaßnahme. Klug genug, Peter nicht von Hand aus seiner Elektrokution reißen zu wollen, erblickte der Kollege ein Holzbrett, das an einer Wand lehnte. Ein massives Brett, einen Meter lang, einen halben breit. Er rannte darauf zu.

Ob es für Peter, sofern er noch Notiz nahm von der Außenwelt, wirkte, als würde sein Kollege panisch flüchten und ihn seinem Schicksal überlassen? Ob er überhaupt zu sehen noch in der Lage war, denken konnte, wahrnehmen, was geschah? Wie lange blieb er bei Bewusstsein in seiner 15 000-Volt-Falle? Es wäre ihm zu wünschen gewesen, dass sein Tod ein urplötzlicher war und sein Leben mit jener Millisekunde, in der der Strom ihn durchschoss, ein Ende fand. Doch das Sterben ist selten linear. So schnell gibt der Mensch nicht auf, selbst wenn es das Klügste, das Einzige ist, was es noch zu tun gibt. Nein, er kämpft, der Narr, hängt am Leben, hält fest daran, bäumt sich auf in der Stunde seiner Niederlage, auch wenn er sie nicht abweisen kann. Wie die Geburt ein brutaler Akt hinein ins Leben ist, so ist der Tod der brutale, wenngleich aussichtslose Kampf aus ihm hinaus. Gerade, wo sich der Mensch so schwach wie möglich geben müsste, um dem Tod den Sieg gewaltfrei und rasch zu überlassen, bläht er sich auf, als wäre er unsterblich und könne sich wider alle Vernunft seinem Schicksal widersetzen. Nur durch solchen Irrsinn lässt sich erklären, wie lange Peter den Todestanz durchhielt und das Ringen mit dem ungleich mächtigeren Gegner.

Dieser heroische Kampf muss es gewesen sein, der Peters Kollegen anspornte und ihn – augenscheinlich zu spät – dazu brachte, das Brett in die Hand zu nehmen und damit auf den vor seinen Augen sterbenden Mann einzudreschen. Ohne eine weitere Sekunde nachzudenken, knüppelte er den bereits Zerstörten nieder. Mit voller Wucht versuchte der Kollege, Peter aus dem Stromkreis herauszuschlagen. Doch es gelang nicht, nicht schnell genug zumindest. Der Strom war stärker als die beiden Todeskandidaten zusammen.

Der Kollege, in einem Rausch nun, hackte weiter auf Peter ein, auch als dieser bereits verendet war. Aus Panik, aus Verzweiflung schlug er zu, Frusthiebe gingen auf Peter nieder, brachen ihm die Rippen, die Knochen, trafen ihn im Gesicht. In Rage schlug der Kollege alles tot an diesem Mann, das vielleicht noch nicht gestorben war, noch nicht verbrannt, verglüht, verkohlt. Ohne direkte Absicht schlug er ihm Zähne aus und hörte nicht auf damit, wohl weil es nichts mehr gab, was er sonst hätte tun können. Irgendwann hatte er Erfolg und zersplitterte Peters Arm. So gelang es ihm, den Stromkreis zu unterbrechen. Peters teils brennende Körperteile klappten heraus und lösten sich vom Kabel, zu spät, freilich, alles zu spät. Bloß leblose Reste meines einst draufgängerischen Freundes lagen auf dem Boden. Ausgebrannt, zerbrochen lagen sie vor seinem Kollegen, der nun selbst zusammenbrach und am liebsten nie wieder aufgestanden wäre. Irgendwann wurde er weggetragen, wie die Überreste von Peter weggetragen wurden. Die Leiden des Toten hatten ein Ende, die des überlebenden Kollegen begannen erst. Auf ewig würde Peters Tod ihn verfolgen. Nie wieder auszulöschen würde dieser eine Moment sein, an dem er das Sterben Peter Innerhofers zwar nicht verschuldet hatte, es aber ebenso wenig hatte verhindern können.

HITOTSU

Elena, freilich, lernte ich nicht in der Siedlung kennen. Jemanden wie sie hatte ich nie in den Südtirolerhäusern gesehen, die wie durch eine unsichtbare Mauer vom Rest des Landes abgesondert waren. Elena Schertler war keine Südtirolerin, keine Jugoslawin, keine Türkin, im Gegensatz zu uns war sie eine echte Österreicherin. Jemand wie sie, nahmen wir Siedlungskinder an, bewegte sich frei durchs Land, fiel nirgendwo auf, zog keine Blicke auf sich. In Wirklichkeit, das lernte ich erst von ihr, war das Leben auch außerhalb der Siedlung kaum freier. Überall wurde Ortsfremden zu verstehen gegeben, dass sie anders waren. Elena kümmerte sich nicht darum. Es gefiel ihr sogar, das Anderssein, denn sie verabscheute die Konformität der Menschen hierzulande und wollte ihnen nicht gleichen. Sie strickte ihre Jacken und Miniröcke, nähte ihre Kleider und schnitt ihre Haare selbst. Spießbürger drehten sich nach ihr um, und auch ich blickte der bunten Fetzenfrau mit den hennaroten Haaren nach, als ich sie eines Tages an der Seepromenade erblickte. Klein, fast zierlich war Elena, 21 Jahre alt, wie ich später herausfand, und trotzdem erweckte sie keinen maskulinen Beschützerinstinkt, denn eine Aura der Unberührbarkeit umgab sie. Wie einen Schutzmantel gegen die Welt trug sie die Sphäre der Selbstsicherheit um sich, und so filigran ihr androgyner Körper schien, so unverwüstlich wirkte er und – für mich jedenfalls – unvergleichlich attraktiv. Ich glaube nicht, dass ich mich vorher oder nachher je nach Frauen umgedreht habe, aber an diesem 18. August 1993, als Elena in mein Leben stieß, konnte ich nicht aufhören, sie zu betrachten. Ohne darüber nachzudenken, ja ohne bei Sinnen zu sein, ließ ich zu, dass ihre Erscheinung mich magnetisch anzog.

Als Jugendliche hatten Guido, Peter und ich uns manchmal ausgemalt, wie eine Frau, in die wir uns verlieben könnten, zu sein hatte. Einhellig befanden wir, dass sie vor allem eines besitzen müsste: Mut. Guido und Peter fanden bis an ihr Lebensende keine Frau, die ihren Vorstellungen entsprach, mir aber lief sie plötzlich über den Weg, und ich konnte nicht anders, als sie zu bestaunen. Elena hatte kaum Hüften oder Brüste, und ihre hexenhaften Finger mit violett lackierten Fingernägeln hingen wie Luftwurzeln von ihren Händen, aber nichts konnte der Schönheit und Stärke etwas anhaben, die sie für mich ausstrahlte. Im Rhythmus, in dem sie über die Promenade schritt, behauptete sie, ihren Platz, ihr Ziel, ihre Feinde zu kennen. Gegen jeden Übergriff schien sie gewappnet zu sein und wie Sensei Kaneyama jedem einen Schritt voraus. So blieb es bis zum Schluss, achtzehn Jahre, acht Monate und vierundzwanzig Tage lang, bis zum 8. Mai dieses Jahres. Überall diese Endlosschleife, die eine Unendlichkeit suggeriert, aber statt dem Ewigen nur das Ende zeigt, den Schnitt, an dem jede Schleife auseinanderfällt.

Elenas übermächtige Nähe erlaubte mir bis zum Ende nicht, mich ihr ganz zu öffnen. Sie war so direkt, dass ich oft aus Angst vor ihrer Reaktion nicht auszusprechen wagte, was ich fühlte. Lieber rettete ich mich in hilflose Ausflüchte und verschwieg so manches, das ich ihr hätte erzählen sollen. Es stimmte, wenn Elena im Spaß von sich behauptete, sie sei ein Tyrann, aber ein guter Tyrann, ein mir zumindest freundlich gesinnter. Wahrscheinlich befürchtete ich, die Gesinnung des Tyrannen würde sich ändern, wenn ich ihn allzu sehr auf meine Schwächen hinwies. Aus Angst vor Elenas Urteil, entschied ich, sie in bestimmte Angelegenheiten nicht einzuweihen. Vielleicht wäre ihre unumstößliche Meinung, etwa was Großvater oder Guido betraf, hilfreich für mich gewesen, aber ich traute mich nicht, mich ihr zu stellen, und als es zu spät und keine Umkehr mehr möglich war, gab es auch keinen Grund mehr, Elena damit zu belasten. Ich schob es immer wieder hinaus, ihr wichtige Dinge mitzuteilen, hoffte, dass eines Tages der richtige Augenblick kommen würde. Doch er kommt nie von allein, der richtige Zeitpunkt. Immer muss man ihn erzwingen. Oder eben nicht, und sich dieses Versagen eingestehen.

Der Augenblick, als ich Elena zum ersten Mal sah, verlangte mein persönliches Zutun nicht. Alles geschah von selbst, willenlos wurde ich hineingezogen. Anfang der neunziger Jahre verdiente ich mir wie Guido und Peter auch mit Jobs am Bau das nötige Geld, wohnte noch in der Salurner Straße und betrieb Karate, wenn auch nicht so fanatisch wie Guido. Es schien, als würde alles in meinem Leben den vorgegebenen Wegen folgen.

An jenem Mittwoch Mitte August hatte ich nachmittags frei und lungerte an der Seepromenade herum.

– Was glotzt du so bescheuert?, fragte Elena, nachdem sie meine Blicke lang genug erduldet hatte.

Ich weiß nicht, wie ich den Mut aufbrachte, ihr zu antworten.

– Ich kann nicht anders, sagte ich. Wirklich, es tut mir leid. Ich kann nicht anders.

– Dann begleit mich in die Stadt und erzähl mir, was du siehst, sagte sie und lachte. Wenn du schon so ein Glotzer bist.

War ich denn ein Glotzer? Ich begann darüber nachzudenken. Dauernd blieb ich an derartigen Fragen hängen. Das war eine Art Hobby von mir, nicht das Glotzen, das Sinnieren. Sosehr ich schnelle Entscheidungen schätzte, wenn es etwas zu beschließen gab, so ließ ich mich andererseits, wenn kein Handlungsbedarf bestand, in zielloses Nachdenken fallen. Wieder und wieder prüfte ich Gedankengänge, kam auf anderen Wegen zu anderen Schlüssen und dann doch wieder zu denselben, verfing mich in sich windenden Denkschleifen. Oft setzte ein kleiner Funke eine Kettenreaktion in Gang, und ich blieb an Kleinigkeiten hängen, die es nicht wert waren, sich derart ausführlich mit ihnen zu beschäftigen. Lang studierte ich etwa die effizientesten Techniken, sich mit einem Handtuch abzutrocknen, oder ich stellte nur für mich empirische Studien über Bartwuchs und Sonnenbrände an. In fünfminütigen Intervallen setzte ich bestimmte Körperteile den Sonnenstrahlen aus und notierte Veränderungen, äußerliche, innerliche, was immer mir auffiel. Sobald ich Zeit für mich allein hatte, berief ich mich zum Versuchskaninchen. Ich zählte hundert vorbeifahrende Autos und versuchte mich an Marke und Farbe jedes siebten zu erinnern. Ich merkte mir die Namen meiner Arbeitskollegen von hinten nach vorne und wunderte mich, wenn Retlaw oder Iccir nicht reagierten, wenn ich sie rief. Ich stoppte, wie lange ich auf einem Bein, im Kopfstand, im Yogasitz verweilen konnte. Oder ich dachte eben darüber nach, ob ich ein Glotzer, ein Wichser, ein Choleriker oder sonst was war. All das hätte ich wohl weniger getan, wäre mir weniger langweilig gewesen. Doch die viele stumpfsinnige Zeit auf den Baustellen und bei anderen Geldjobs, die ich täglich hinter mich zu bringen hatte, diese Mischung aus geistiger Unterforderung und körperlicher Mühsal, hatte mich zum Meister sinnloser Gedankenspiele gemacht. Ich dachte mich weg aus der Welt, die mich umgab, ließ mich, um die öden Tätigkeiten zu ertragen, die ich zu verrichten hatte, in Gedanken treiben, bis ich irgendwo strandete und auf Neues stieß, das mich forttrug. Ich verlor mich, fand mich an anderer Stelle wieder, verlor mich wieder. So ertrug ich mein Leben, und so wurde mein Leben zu einer Abfolge kleiner, sinnloser Ausflüge, die mich nirgendwo hinführten, bloß ablenkten, sich bloß aneinanderreihten und in Summe den Gerold Ebner ergaben, der ich war und heute noch bin.

Ich glotze nicht, dachte ich, sondern starre ins Leere. Normalerweise. Ich war kein Glotzer, nur einer, der seine Zeit verschwendete. Normalerweise. Das erzählte ich Elena, als wir in die Innenstadt spazierten. Und dass ich sie nicht wie blöd anstarren wollte, aber etwas an ihr auf mich einwirkte wie ein gewaltiges Ereignis. Ja, das, glaube ich, waren die Worte, die ich wählte.

Elena lachte wieder. Ich dachte, sie wäre geschmeichelt. Dann sagte sie: Du bist also ein Romantiker. Ein schwülstiger, kitschiger Romantiker.

Ich wagte nicht, ihr zu widersprechen. Stattdessen trugen mich erneut Überlegungen fort, ob ich romantisch sei, und was das überhaupt sei, romantisch. Gerade wollte ich ihr diese Frage stellen, da sagte sie, erzähl mir mehr von dir, und schlug vor, einen Umweg über den Molo zu machen, vorbei an den Schiffen, die im Hafen lagen, hinaus zum Leuchtturm, wo einige Fischer am Kai ihre Angeln in den See hielten.

– Ich suche nichts. Weil ich davon ausgehe, nichts zu finden, sagte ich, während wir am trüben Hafenwasser entlangspazierten. Und weil ich nie noch etwas gefunden habe, habe ich auch nichts zu verlieren.

– Jetzt aber, sagte Elena und tat, als mache sie sich über mich lustig.

Dabei spürte ich, dass sie mich durchaus ernst nahm. Vielleicht war ihr bereits bewusst, dass ich zum ersten Mal etwas gefunden hatte. Etwas zu verlieren.

Ich sei ein Nihilist, meinte sie. Und da ginge es mir wie ihr.

– Was die uns vorgaukeln, ist ausgemachter Quatsch, sagte sie.

Nihilist, Atheist oder Agnostiker. Oft hatte ich ergebnislos darüber nachgedacht, was ich eigentlich war, mal mit dieser, mal mit jener Richtung sympathisiert. Als atheistischer Agnostiker oder agnostischer Atheist hatte ich mich schließlich eingestuft.

– Ist alles nicht so einfach, sagte Elena. Außer man macht es sich einfach. Aber so einer scheinst du mir nicht zu sein.

Nein, so einer war ich nicht. Dutzende Tagebucheinträge zu Weltsichtsfragen hatten weitere Fragen aufgeworfen. Fragen, die ich schätzte, weil sie mich zu keinem Schluss kommen ließen.

– Wie soll es eine Schablone geben, die überall passt?, fragte Elena. Jede gute Antwort ergibt eine neue Frage. Doch weil Menschen Angst vor Unwissenheit haben, grenzen sie sich ein, grenzen sie sich ab.

– Ich nicht.

– Ich auch nicht. Ich bin kein Herdentier.

– Dann lass uns fragen, sagte ich. Fragen wir und antworten wir.

– Wer fängt an?, fragte Elena.

So begann es mit einem Spaziergang am See, unser Kreisen um die kleinen und großen Dinge, das bis in diesen Frühling reichte. Wir schlenderten die Hafenmauer entlang und redeten, sahen uns nicht viel an dabei, auch ich konnte mein Bedürfnis, Elena zu mustern, nun beherrschen. Ich spürte ihre Nähe, und das reichte für den Augenblick. Ich ahnte, dass mir diese Frau verbunden bleiben würde. Passanten fütterten Enten mit altem Brot. Eine Schwanfamilie kam dazwischen und beanspruchte mit großer Selbstverständlichkeit alle Brocken für sich. Aufgeregte Möwen flogen herbei und fingen die Brotstücke in der Luft ab.

– Wer in dieser Kette von Tieren und Menschen wärst du am liebsten?, fragte Elena.

– Die abgedrängte Ente am Rand, sagte ich.

– Wieso?

– Ich will mit den anderen nichts zu tun haben, sagte ich.

Ich sagte das nicht, um Elena zu gefallen, sondern weil ich wusste, dass sie es verstand. Langsam spazierten wir weiter, und auch als es zu nieseln begann, erhöhten wir unser Tempo nicht. Überhaupt bemerkten wir den warmen Regen kaum. In aller Ruhe und doch in heimlicher Anspannung flanierten wir zum Kiesstrand, an dem sich wegen des Wetterumschwungs kaum Badegäste befanden. Wir suchten flache Steine und ließen sie über die Wasseroberfläche springen. Sie tanzten durch die Regentropfen auf dem grauen See, und wir zählten ihre Sprünge. Elenas Steine schafften oft mehr als ein halbes Dutzend Aufschläge, bevor sie untergingen. Ich versuchte, einen Metzgerstich vorzuführen, einen möglichst hohen Wurf, bei dessen Aufprall der Stein blitzschnell und nahezu geräuschlos durch das glatte Wasser stach. Versehentlich schätzte ich die Flugbahn falsch ein, und beinahe hätte der Stein Elena am Kopf getroffen.

– Ein miserabler Schütze wie du sollte derartige Kunststücke unterlassen, sagte sie. Was hättest du getan, wenn er mich getroffen hätte?

– Mich entschuldigt.

– Nicht mehr?

– Was könnte ich mehr tun?

– Wenn er mich an der Schläfe getroffen hätte und ich umgefallen und bewusstlos liegen geblieben wäre?

– Dann hätte ich die Rettung gerufen.

– Und wärst du ins Krankenhaus mitgekommen oder abgehauen?

– Mitgefahren natürlich, und bei dir sitzen geblieben, bis du wieder aufgewacht wärst. Und dann hätte ich dich gefragt, wie es war, wo immer du warst. Aber wie lange willst du das jetzt noch weiterfragen?

– Bis Zeit vergangen ist, sagte Elena.

– Das gilt nicht als Antwort, sagte ich und versuchte einen weiteren Metzgerstich, diesmal mit Sicherheitsabstand weit in den See hinein.

– Die Zeit vergeht nicht gleichmäßig, sagte ich, nachdem der Stein plump auf der Wasseroberfläche aufgeschlagen und versunken war. Sie ist ein Ablauf von Ereignissen und Pausen, Fortgang und Stillstand, ein Wechsel von dichten zu Ruhephasen, ein Chaos, keine Ordnung. Die Zeit war schon vor uns da.

– Und wenn sie sich im Kreis dreht?, fragte Elena.

– Dann müssten wir irgendwann einen Punkt auf der Kreisbahn wiedererkennen.

– Sofern wir in der Lage dazu wären.

– Irgendwann wären wir das.

– Und was hätte das dann zu bedeuten?

– Das fragen wir dann. Regelmäßigkeiten, Unregelmäßigkeiten, Abweichungen können wir erst analysieren, wenn sie auftreten.

Elena lachte. Ich liebte ihr explosives, unvorhersehbares

Lachen, das ein jäher Luftstoß war, der so schnell verebbte, wie er gekommen war. Wertvoll wirkte dieses Lachen, nicht weil es so selten, sondern weil es so plötzlich kam, so kurz und unkontrolliert.

– Du bist bei uns zuständig für die Theorien, sagte sie.
– Okay, sagte ich. Und du für das Praktische.
– Ja. Das ist gut, sagte Elena. So machen wir das.

Ruckartig, fast ohne zu spritzen, durchstach ein Stein, den sie hoch über das Wasser geschleudert hatte, den glatten See. Mit einem knappen, elektronisch anmutenden Geräusch verschwand er vor unseren Augen.

HITOTSU

Anfang der achtziger Jahre wird es gewesen sein, ich zwölf, vielleicht dreizehn, allein daheim in der Salurner Straße, Mutter wie üblich bei der Alten-, Kranken-, Glaubensarbeit, da läutete es an der Tür, mehrfach gleich, aggressiv, als sei es eine Unerhörtheit, dass ich nicht sofort aufsprang und so schnell wie möglich aufmachte. Sobald ich die Tür geöffnet hatte, trat der alte Mann mit großer Selbstverständlichkeit über die Schwelle. Ich kannte ihn nicht, aber da er irgendwie vertraut wirkte, leistete ich keinen Widerstand. Intuitiv spürte ich, dass ich mich ihm besser nicht in den Weg stellte. Kleine Augen lagen tief in seinem braungebrannten Reptiliengesicht begraben und sahen mich herausfordernd und einladend zugleich an, versuchten Kontakt mit mir aufzunehmen. Sofort fielen mir die ledernen Hände des Mannes auf, die von tief eingekerbten Hornhautschichten überzogen waren. Seine rechte Hand schoss, kaum stand er in der Diele, auf mich zu und schüttelte die meine, die ich ihm automatisch hinhielt, drückte so fest zu, wie Männer Hände zu drücken haben. Vielleicht war der Mann gar nicht so alt, wie ich auf den ersten Blick vermutete. Eher wirkte er, als wäre er einfach bereits zu lang am Leben, und diese Mühsal hatte ihn altern, aushärten lassen. Vielleicht war er als Jugendlicher schon zu lang in der Welt und voller Hass gewesen.

Tatsächlich war Großvater Ende fünfzig, als ich ihn zum ersten Mal sah.

– Du bist also der Gerold, sagte er und nahm seinen Tirolerhut ab. Hat dir die Maria nichts von mir erzählt?, fragte er. Der Monarch. Ich bin's. Irgendwann hat sie mich doch sicher erwähnt?

Ohne Umwege gab er mir zu verstehen, dass er der Herr in diesem Haus sei.

Natürlich hatte ich Mutter nach meinen Großeltern befragt. Väterlicherseits konnte sie selbst nichts wissen, aber anstatt mir Auskunft über ihre Eltern zu geben, flüchtete sich Mutter stets in undurchsichtige Aussagen. Die seien schon lang nicht mehr Teil ihres Lebens, unseres Lebens, hieß es. Seit Mutter die Schule abgebrochen und Anfang der sechziger Jahre Glurns verlassen habe, habe sie keinen Kontakt mehr zu ihnen. In Glurns seien die wohl ebenfalls nicht mehr, die Mutter, ohnehin aus dem Süden, sei wohl dorthin zurückgegangen, und der Vater sei immer schon fort gewesen, ein Wanderarbeiter, ein Mineur, zuerst im Berg- und dann im Tunnelbau. In ganz Südtirol habe er Sprenglöcher in die Berge gebohrt, den Beton unter das Gestein gepatzt, auch in Kärnten und Nordtirol.

– Wenn er weg war, war es besser, als wenn er zu Hause war, sagte sie. Mehr willst du nicht wissen.

Ich wollte mehr wissen, denn Sprengsätze interessierten mich, aber, sosehr ich auch insistierte, mehr war aus Mutter nicht herauszubekommen. Es bringe nichts, an die Vergangenheit zu denken. Gott habe mir das Leben geschenkt, nun solle ich etwas daraus machen und nicht aufhören, Ihm dafür zu danken.

– Komm, setzen wir uns in die Küche, sagte Großvater. Mach mir ein Bier auf. Freust du dich denn nicht, dass wir uns endlich kennenlernen?

Hinter seinem Rücken fiel die Haustür ins Schloss, und seine klobigen Schuhe stapften Richtung Küche, wo er sich auf die Bank setzte, schwer atmete und mir mit dem Finger ein Zeichen zum Kühlschrank gab. Wir hatten aber kein Bier. Warum auch, niemand hätte es getrunken.

– Schnaps habt's auch keinen?

Es war mir unangenehm. Ich wusste nicht, wofür ich mich schämen sollte, für seine Fragerei oder den Umstand, dass wir nichts Ordentliches zu trinken hatten.

– Früher hat die Maria gewusst, wie sie mich zu behandeln hat. Da war für alles gesorgt, wenn ich gekommen bin.

– Es tut mir leid, sagte ich.

– Dann geh in den Laden und hol mir was. Ich warte derweil hier. Keine Angst, ich geh nicht weg. Jetzt, wo ich endlich da bin, bleib ich auch.

Ich rannte zum Greißler ums Eck und war froh um die Auszeit, die ich mir dadurch verschaffen konnte. Am liebsten wäre ich fortgerannt und nie mehr zurückgekehrt zu diesem fremden, vertrauten Mann in unserer Küche. Doch ich kehrte zurück, mit einer warmen Flasche Fohrenburger in der Hand. Ich stellte das Bier und ein großes Glas auf den Tisch und suchte einen Flaschenöffner. Bis ich ihn fand, hatte Großvater sein Bier bereits am Tischrand aufgestoßen. Als ich ihm einschenken wollte, wies er mich ab, ich könne das nicht, das sehe er schon.

– Beim Felbertauerntunnel hab ich mitgebaut, erzählte er stolz.

Ich saß ihm wortkarg gegenüber und betrachtete ihn verstohlen. Seine Selbstgefälligkeit faszinierte mich mehr als seine heldenhaften Geschichten.

– Den Monarchen haben sie mich immer genannt, im Bergbau und bei den ganzen Straßentunnels. Ohne mich ging nichts. Kannst mich ruhig auch so nennen.

Zwischen den Sätzen hustete er oft und laut. Manchmal traf mich ein Spritzer seiner Spucke, wenn er redete, sich räusperte, fast schrie und hustete, wobei er sich nur kurz und ungenau die Hand vor den Mund hielt. Er schluckte den Schleim, den er hochgehustet hatte. Obwohl ihm das Sprechen Mühe bereitete, redete er unaufhaltsam weiter. Als hätte ich ihn darum gebeten.

– Die Mädchen haben brav auf mich gewartet. Immer wenn ich von einer Baustelle heimkam, freuten sie sich. Alle beide, die Alte und die Junge.

Ich stellte mir all den Beton vor, den Schutt, den Staub, der über Jahrzehnte in diesen Mann gedrungen sein, sich auf und in ihn hineingesetzt haben musste. Ich wunderte mich, wie oft er sich eine Zigarette anzündete. Ich öffnete das Fenster und stellte ihm eine Tasse hin, in die er aschen konnte. Auch wunderte ich mich, wie dunkel seine Haut war. All die

Arbeit unter Tage; er müsste doch aschfahl wie ein Vampir sein.

Meist fällt einem die Ähnlichkeit zu anderen Menschen nicht auf, aber ich konnte nicht anders, als mich in dem Alten wiederzuerkennen. Der grobe Schnitt seines Gesichts, das spitze Kinn, die kantige Nase, die in ihre Höhlen gedrückten, dunklen Augen hatten eine Generation übersprungen. Meine Mutter war von der Ähnlichkeit zu ihm verschont geblieben, ich hatte alles abbekommen. Bislang war ich mir nie hässlich vorgekommen, nun aber verstand ich den Anblick dieses Mannes als Warnung. Mich so weit wie möglich von ihm zu entfernen würde fortan meine Aufgabe sein, eine Notwendigkeit sein, wollte ich weiterhin in den Spiegel schauen können. Großvater merkte nichts von meinen Überlegungen und erzählte weiter von Betonschalungen und Tunnelsohlen. Der Rauch seiner Zigaretten wehte mir ins Gesicht. Immer habe er genügend Geld erarbeitet, nur mit diesen zwei Armen, sieh her, wie stark sie sind, die Familie ernährt. Keinen Dank habe er erwartet, nur ein wenig Entgegenkommen. Seine Zähne wenigstens waren anders, waren deutlich schlechter als meine, schiefer, schmutziger, gelb, braun. Manche fehlten. Wenn er rülpste, stand sein Mundgeruch in der Luft. Säuerlich, rauchig, auch etwas Süßliches hatte dieses Gemisch an sich. Großvater lachte, sagte *Scusi* und fuhr fort mit verschiedenen technischen Erläuterungen. Vielleicht meinte er, ich wolle Mineur werden wie er, als Vorarbeiter anfangen, in Containern hausen, mich hocharbeiten durch irgendwelche Schächte, bis ich weder das Tageslicht noch meine Familie mehr kannte.

Zweimal an diesem Tag ging ich Großvater noch ein Bier holen. Dann hatte ich kein Geld mehr und ging einfach weg und nicht mehr zurück. Sollte er daheim sitzen bleiben und auf Mutter, seine fesche Maria, warten. Mit Anfang dreißig wird sie schon noch fesch sein, oder? Knapp zwei Jahrzehnte hatte sie sich vor ihm verbergen können. Nun war er zurück. Ich trieb mich in der Siedlung herum und wartete, bis es dunkel wurde. Erst als ich mir sicher sein konnte, dass Mutter zu Hause war, wagte ich mich heim. Vorsichtig öffnete ich die Haustür. Mutter saß allein in der Küche. Er war weg, ich hatte lang genug gewartet. In Zukunft würde ich immer, wenn Großvater kam, die Wohnung verlassen und warten, bis er wieder gegangen war. Mutter hatte aufgeräumt, die Flaschen weggeräumt, den Boden geputzt, die Zigarettenstummel, die Aschentasse entsorgt, Fenster geöffnet. Ich setzte mich zu ihr.

– Er hat jetzt eine Arbeit drüben beim Bau des Pfändertunnels, sagte sie. Er wohnt in den Containern am Berg, wo die Arbeiter untergebracht sind.

Ich nickte. Wir Jungs hatten uns dort bereits herumgetrieben. In Zukunft würde ich das unterlassen.

– Es wird nicht allzu lang dauern. In ein, zwei Jahren ist der Tunnel fertig, dann wird er weiterziehen, nach Deutschland vielleicht, oder zurück nach Tirol.

Plötzlich wandte sich Mutter abrupt zu mir und blickte mir direkt in die Augen, was sie so gut wie nie tat. Für gewöhnlich vermied sie Blickkontakt, jetzt aber schien sie ihren Augen das Sprechen und Fragen überlassen zu wollen.

– Hat er dich angefasst?

– Nein, sagte ich.

Dann setzte sich wieder die Stille zwischen uns. Eine Art

Betroffenheit, der aber auch etwas Schönes anhaftete, denn zum ersten Mal hatten Mutter und ich etwas gemein. Deutlicher als je zuvor und danach spürte ich einen Zusammenhalt zwischen uns. In dieser einen Angelegenheit bildeten wir eine Einheit. Im Stillen genoss ich diesen Moment unserer Verbundenheit, den Rückhalt, den mir Mutter bieten würde, das Vertrauen, das ich plötzlich in sie bekam, diese Liebe zwischen uns, die ich so bislang nicht gekannt hatte. Ja, ich spürte, dass ich meine Mutter und sie mich liebte. Wir würden zueinanderstehen. In diesem Augenblick in der Küche, als Mutter und ich wortlos zusammensaßen, verstand ich, dass wir aufeinander aufpassen mussten. Ich schwor mir, dass, würde meine Mutter es nicht sein, notfalls ich stark genug sein musste.

Nach einer Weile fasste sich Mutter und kehrte zu ihrer gewohnten Distanz zurück. Ich erkannte, wie der Vater im Himmel und ihr leiblicher, der wieder aufgetaucht war, sie fest im Griff hatten. Bis heute konnte ich deren Vorsprung nicht einholen, nie jene Bedeutung erlangen, die sie für Mutter hatten. Vielleicht lag es an dem bewusst tauben Moment meiner Empfängnis, an dem Mutter weder fühlen, riechen, sehen noch hören wollte, keinesfalls wollte, was passierte, ein Kind empfangen, mich empfangen. Ich wurde zu einer Aufgabe, die man ihr aufbürdete, ein Zeichen des barmherzigen Vaters, der zurück in ihr Leben trat. Nun war auch der unbarmherzige Vater zurück, dem sie seit der Kindheit nicht entkommen konnte.

– Bitte versprich mir, dass du ihm keinen Wohnungsschlüssel gibst, sagte ich.

Ich musste wenigstens die Möglichkeit haben, Großvater

ausgesperrt zu halten, wenn ich zu Hause war, die Tür nicht aufzumachen, wenn er läuten, klopfen, hämmern würde. Sie versprach es mir.

– Er wird uns nicht oft besuchen kommen, sagte Mutter. Er ist alt jetzt, alt und krank. Das bisschen Kraft, das ihm bleibt, verbraucht er mit seiner Arbeit.

Fast hätte sie mich in den Arm genommen. Ich spürte es. Einen Moment lang wirkte es, als wolle sie mir ihre Zuneigung zeigen, wie vor dem Einschlafen, wenn sie manchmal zärtlich durch meine Haare strich. Sekunden, die sich in die Ewigkeit zogen. Und dennoch niemals lang genug.

– Ich hab ihm gesagt, dass er nicht bei uns wohnen kann, sagte sie. Er war beleidigt, dass ich so etwas überhaupt in Betracht zog.

Sachte schüttelte Mutter den Kopf und schaute an mir vorbei ins Leere. Er brauche keine Almosen von ihr, habe Großvater gesagt und geflucht. Gut habe er es in seinem Container. Er brauche ihre Unterstützung nicht. Wenn er nicht willkommen sei, dann gehe er wieder. Mutter lächelte sanft, während sie mir das erzählte. Dann sei er aufgestanden und zur Tür hinausgegangen.

– Woher weiß er überhaupt, wo wir wohnen, fragte ich.

– Onkel Jakob, du kennst ihn nicht, über ihn bin ich 1967 nach Vorarlberg gekommen, zwei Jahre bevor du auf die Welt gekommen bist. Er wohnt in Feldkirch. Er ist ein guter Mensch, ein wenig älter als dein Großvater. Er meinte es nicht böse.

– Hat er dich verraten?

– Gottes Wege sind unergründlich. Wir können nicht verstehen, aber alles hat einen Sinn, wie es ist.

Es war aussichtslos, ihr zu widersprechen. Nie hätte sich Mutter auf eine Diskussion darüber eingelassen, besonders nicht mit mir, der ich sie durch meine schiere Existenz schon an die Buße erinnerte, die sie tun musste. Ich schwieg, auch wenn ich so viel hätte fragen wollen. Ob Großvater ihr wehgetan hatte, hätte ich wissen wollen. Doch ich hätte keine Antwort bekommen.

– Gott, vergib deinem Großvater, sagte Mutter. Er hatte es nicht leicht.

Mehr erfuhr ich nicht über den Monarchen, der in Folge manchmal, selten, aber zu oft an unsere Haustür klopfte. Nie öffnete ich.

Mutter blieb von nun an öfter zu Hause. Ich verkroch mich in mein Zimmer, hörte Musik mit dem Walkman, schrieb Tagebuch, machte die Hausaufgaben oder verließ die Wohnung bis zum Abend. *Os!*, brüllten Guido und ich beim Karateunterricht. Wir trainierten so hart wir konnten und fühlten, wie wir von Woche zu Woche flinker wurden, schlagkräftiger und weniger schmerzempfindlich. Wir stießen den Kiai, den Kampfschrei, so laut wie möglich aus. Jede Kata führten wir, wie vorgeschrieben, tausendmal aus. Wir rannten das Dojo im Kreis mit Sanbon-Tsukis ab, bis wir zusammenbrachen, und machten Liegestütz, Dutzende, bis wir liegen blieben und nicht mehr aufstehen konnten, stolz und zufrieden mit unserer Leistung.

Später arbeitete der Alte am Bregenzer City-Tunnel mit und verschwand aus unserer direkten Umgebung, danach am Ambergtunnel, wo er häufig bei Onkel Jakob wohnte. Sein Zustand hatte sich verschlechtert. Onkel Jakob versuchte ihm zu helfen und die Schmerzen zu lindern, die seine Staublunge ihm bereitete. Auch Mutter reiste hin und wieder nach Feldkirch, um nach dem Großvater zu sehen. Ich nehme an, sie war öfter dort, als sie mir gegenüber zugab.

– Es geht ihm nicht gut, dem Armen, sagte sie.

Was sollte sie tun? Ihn sterben lassen an der Silikose, die im Begriff war, ihn niederzustrecken, ohne sich um ihn zu kümmern? Oft wies er sie ab, wenn sie ihn pflegen wollte, aber sie kehrte unermüdlich wieder und wieder zu ihm zurück, als hätte sie etwas gutzumachen. Als könnte sie noch etwas gutmachen. Ich versuchte mich nicht einzumischen und tat, als ginge es mich nichts an. Längst hatte ich aufgehört, mich mit dieser Situation auseinanderzusetzen.

Irgendwann wurde Großvater auf eine andere Baustelle versetzt, nach Osttirol, weit weg von uns. Eine Weile war Ruhe, und ich schaffte es fast, ihn zu vergessen. Mutter aber konnte sich nicht vom ihm befreien. Auch wenn sie ihn einige Jahre nicht sah, wurde sie ihn nicht los. Jahre, die nichts änderten, eine kurze Verschnaufpause bloß.

Mitte der neunziger Jahre kehrte der Alte zurück. Er war so krank, dass er nicht mehr arbeiten konnte. Keinen Container hatte er mehr, um darin zu hausen. Nichts mehr. Niemanden. Nur seine Tochter, seine Maria. Sie besaß er nach wie vor. Also zog er bei uns ein, es war sein angestammtes Recht. Wo sonst hätte er wohnen können? Die Wohnung in der Salurner Straße wurde die seine. Und ich, zu diesem Zeitpunkt bereits mit Elena zusammen, zog aus. Ich behielt den Schlüssel, verließ aber von einem Tag auf den anderen die mütterliche Wohnung.

In Elenas Elternhaus konnte ich im Keller einziehen. Ihre

Eltern duldeten mich und fragten nicht nach. Eine Art Partykeller, ohne echtes Tageslicht, war als Wohnort gewöhnungsbedürftig, aber ansonsten nicht schlecht. Durch das Belüftungsfenster fiel gerade so viel Licht ein, dass ich eine Ahnung davon bekam, ob es Tag oder Nacht war. Elena hatte eine Matratze und Bettzeug organisiert und übernachtete selbst meist unten bei mir. Sie hatte eine Gabe, einen Raum mit nur wenigen Handgriffen als Wohnraum einzurichten. Schon nach wenigen Nächten fühlte ich mich wohl im Keller. Dunkel war es und still, jetzt war ich es, der unter Tage lebte. Der Raum war beheizt, hatte Strom und sogar einen Schwarzweißfernseher. Elena und ich hatten unsere Ruhe, und ich war froh, endlich der Siedlung entkommen zu sein. Nur, dass der Alte in meinem Kinderbett schlief, in der Salurner Straße herumspuckte, Blut und Schleim, und frei über Mutter verfügte, das ertrug ich auf Dauer nicht. Ich konnte es nicht mit ansehen. Ich spürte, dass ich etwas ändern musste. Dass ich eingreifen musste. Eines Tages. Schon meiner Mutter zuliebe.

HITOTSU

Jetzt sind doch tatsächlich zwei Wanderer hier heraufgekommen. An einem bewölkten Donnerstag Mitte Oktober! Ein Ehepaar, etwas älter als ich, Einheimische. Natürlich der Mann zuerst. Seine Frau hinter ihm bewegte sich geschmeidiger als er, aber sie blieb auf dem finalen Klettersteig – dem ungeschriebenen österreichischen Gesetz *men first* folgend – stets im Schatten ihres Mannes.

Elena und ich haben nie geheiratet, aber selbst wenn, es hätte sich kein Trott eingestellt. Elena liebte Überraschungen und vermied aus Prinzip jede Routine. Tag für Tag musste alles neu erfunden, neu gefunden werden. Das war anstrengend. Oft wünschte ich mir, dass unser Leben berechenbar blieb, aber es war aussichtslos. Selbst wenn wir nichts unternahmen, sorgte Elena dafür, dass sich im Nichtstun keine Gewohnheit einschlich. Bei jeder Kleinigkeit achtete sie darauf, Wiederholungen zu vermeiden. Ich durfte mich an keine Bettseite gewöhnen, an keinen Stuhl am Esstisch, an keine Seite, wenn ich Hand in Hand neben ihr ging. Sie verstellte unsere Möbel immer wieder, kaufte keine Tube Zahnpasta zweimal hintereinander, keine Flasche Wein, keinen Wecken Brot und weigerte sich, einer Fernsehserie über längere Phasen zu folgen. Stets hatte ich von Veränderungen auszugehen, und stellte ich mich auf etwas ein, lag ich falsch mit meinen Erwartungen, auch in unserer Beziehung. Manchmal küsste Elena mich monatelang kein einziges Mal, dann fiel sie ohne Vorwarnung über mich her, bis meine Lippen angeschwollen waren. Wochenlang schliefen wir nicht miteinander, dann hatten wir mehrmals täglich bis zur körperlichen Erschöpfung Sex. Eine Katze war Elena, eine mich unheimlich anziehende Einzelgängerin. Ihr Wille war unbeeinflussbar, unberechenbar, und obwohl ich sie mehr als alles liebte, blieb sie mir in gewisser Weise fremd. Ich konnte sie nicht drängen, es blieb mir keine Wahl, als ihre Schwankungen hinzunehmen. Im Lauf der Zeit arrangierte ich mich damit und lernte die Aufregung einer stets erneuerten Beziehung zu schätzen, anstatt mich nach Verlässlichkeit zu sehnen. Ich lernte, jedem Tag mit Elena mit Neugier zu begegnen, auch wenn mich nicht nur angenehme Überraschungen erwarteten. Manchmal wirkte Elena wie abgetaucht oder behandelte mich, als existierte ich nicht. Dann wieder ließ sie mir keine Verschnaufpause, bis ich mich geradezu nach einer distanzierteren Phase sehnte. Elena agierte stets aus dem Moment heraus, und ich gewöhnte mir an, mein Leben dem ihren folgen zu lassen. Sich ihrer Unregelmäßigkeit unterzuordnen fühlte sich richtig an, zumal ich wusste, dass sie es nicht als perfides Spiel begriff, sondern einfach nicht anders konnte. Mir fiel es leichter, Kompromisse einzugehen, denn ich hatte keine klare Vorstellung vom Leben. Ich vertraute auf Elenas Intuition, ja, in gewisser Weise war ich froh, mich nicht um mich selbst kümmern zu müssen. Ich hatte mich nur auf das immer Andere einzulassen. So langweilig und aussichtslos mein Leben war, Elena hinderte mich am Stagnieren. Auch als Sarah in unser Leben trat, blieb Elena der Fluss, der uns alle mitriss, mal über, mal unter Wasser, wir ließen es mit uns geschehen, wir hatten keine Wahl. Elena war immer voraus.

Das Ehepaar, das vorhin den Bocksberg bestiegen und sich neben mir vom Aufstieg erholt hatte, funktionierte anders. Wenigstens bestanden sie nicht darauf, sich mit mir zu unterhalten. Selbst die Frau war meiner einsilbigen Antworten bald überdrüssig. Dennoch blieben sie lange sitzen, kauten auf Broten herum, blickten hohl in die Gegend. Als wollten sie ihr Anrecht unterstreichen, hier sitzen zu dürfen. Der Mann war außer Atem und räusperte sich unentwegt. Es erinnerte mich an Großvater, über den ich weiterschreiben wollte, aber ich musste warten, Papier und Stift unter meinen Beinen versteckt, bis die beiden wieder aufbrachen. Auch

wenn sie nicht viel miteinander sprachen, musste ich ihre Unterhaltung über mich ergehen lassen.
– Ganz schön kühl hier oben, sagte sie.
– Ja, der Wind, sagte er.
– Aber schön, sagte sie, die Aussicht, herrlich. Da hinten sieht man sogar den See glitzern. Und dort, ist das die Kanisfluh?
– Da liegt schon Schnee, siehst du, sagte er.
Die beiden vergeudeten meine wertvolle Zeit, und ich weiß nicht, wie lange ich das noch ertragen hätte. Geht doch, wenn euch kalt ist, wünschte ich sie fort. Irgendwann brachen sie tatsächlich auf und wunderten sich wohl, dass ich sitzen blieb, fragten aber nicht nach. Der Mann ging voraus, stieg behäbig hinunter, vorsichtiger, als er hätte sein müssen, seine Frau verabschiedete sich artig von mir. Schönen Tag noch, sagte sie. Ich werde mich auch bald auf den Weg machen, sagte ich, ich weiß nicht, warum. Sie drehten sich kein einziges Mal zu mir um. Der Mann war damit beschäftigt, sich auf dem schmalen Weg zu halten, und die Frau damit, sich hinter ihm zu halten. Irgendwann waren sie außer Sichtweite. Endlich konnte ich weiterschreiben.

Elena hat Großvater nie zu Gesicht bekommen. Wir waren kein Jahr zusammen, da zog der Alte in mein Kinderzimmer und ich in Elenas Keller. Ich habe ihr manchmal von ihm erzählt, aber was hätte ich ihn ihr zeigen, ihn ihr antun sollen. Es reichte, wenn sie wusste, dass er in der Salurner Straße wohnte, krank war und in absehbarer Zeit gestorben wäre, wäre er sich selbst überlassen gewesen. Doch das war er nicht, denn Mutter war zu seiner Pflege berufen und unternahm alles in ihrer Macht Stehende, um ihn am Leben zu halten. Ich versuchte das auszublenden und mich auf mein eigenes Kellerleben zu konzentrieren, das nicht das schlechteste war. Elenas Eltern belästigten uns nie, denn sie hatten akzeptiert, den nötigen Abstand zu ihrer Tochter einzuhalten. Ich schlug mich als Saisonarbeiter durch, mal Apfel-, mal Hopfenernte, als Zeitungsausträger, Bauarbeiter, Getränkelieferant. Irgendein Job fand sich immer, der nicht allzu schlecht und angemessen bezahlt war. Doch wann immer ich in die Salurner Straße zurückkehrte, musste ich mit ansehen, wie der Monarch in meinem Zimmer thronte, als gehörte alles ihm, auch Mutter, wie er über sie bestimmte und auch über mich zu bestimmen versuchte. Seine Stimme war zwar schwächlich, aber er gab weiterhin Kommandos von sich, und seine Selbstgefälligkeit war ungebrochen. Kein Zweifel, keine Einsicht, keine Resonanz. Er hatte das Leben eines Mannes geführt und würde wie ein Mann sterben, sich niemals rechtfertigen müssen, sich nie entschuldigen. Seine Tochter tat, was sie als Kind zu tun gelernt hatte, sie gehorchte und hielt still. Hielt durch. Ende 1994 konnte ich es nicht mehr mit ansehen.

Ein Nachmittag kurz vor Weihnachten, kalt, aber nicht kalt genug, dass der Schnee liegen geblieben wäre. Überall grauer, nasser Matsch. Ein Wintertag, der anstatt anzufangen einfach vorbeigehen würde, weil ja alles irgendwann vorbeiging.

Ich war ohne wirkliche Absicht in die Salurner Straße gekommen. Vielleicht wollte ich Mutter sehen, nachsehen, ob alles in Ordnung war. Ich sperrte die Haustür auf, ging die Treppe hinauf in den zweiten Stock, vorbei an der alten Guflerwohnung, die längst von neuen Mietern bewohnt war. Wie still und heimlich Herr Gufler gestorben war, kam mir wieder in den Sinn. Niemandem war es aufgefallen. Noch im Stiegenhaus zog ich, wie üblich, meine Schuhe aus und stellte sie in der Schuhwanne vor unserer Wohnungstür ab.

Leise sperrte ich auf und schloss ich die Tür hinter mir.

– Mama, bist du da? Ich bin's, sagte ich fast flüsternd, weil ich die Aufmerksamkeit des Mannes nicht auf mich ziehen wollte, der in meinem Bett lag und erwartete, dass ihn jemand bediente.

Keine Antwort von Mutter. Stattdessen ein Husten aus meinem ehemaligen Zimmer. Mutter war nicht in der Küche, nicht in der Stube, nicht im Bad. In ihrem Schlafzimmer musste ich nicht nachsehen, dort hielt sie sich tagsüber nie auf. Ein weiteres Husten. Tat er das, um auf sich aufmerksam zu machen? Ich blieb stehen. Reglos verharrte ich in der halbdunklen, von den Geräuschen des Großvaters abgesehen, stillen Wohnung und überlegte.

Die Tür zum Kinderzimmer war angelehnt. Vorsichtig schob ich sie auf und spähte hinein, sagte kein Wort. Ich sah Großvater im Bett. Er schien zu schlafen, halb zumindest, dämmerte vor sich hin, wie der Tag es draußen tat. Die Augen hatte er geschlossen, wenn auch nur leicht. Ich musste, während ich ihn ein, zwei Minuten lang beobachtete, davon ausgehen, dass er sie jeden Moment öffnete. Im Halbschlaf röchelte Großvater, räusperte sich, produzierte ein tiefes, rasselndes Geräusch, das nach einem Hohlraum klang, einem schwarzen, feuchten Loch. Wie durch einen schmalen, flattrigen Schlauch saugte er Luft in dieses Loch hinein, erzeugte ein Pfeifen, das an einen Wasserkocher erinnerte, und blies die Luft mit einem Knurren wieder aus. Mit jedem Atemzug machte er auf sich aufmerksam. Mutter hatte ihm einen Topf mit Wasser und Eukalyptusöl auf die Heizung gestellt.

Ich wandte mich ab und ging leise ins Badezimmer. Dort zog ich meine Socken aus, um barfuß eine bessere Bodenhaftung zu haben, und ließ sie neben dem Waschbecken liegen. Dann nahm ich das Handtuch, das nach Großvater stank. Ein blaues, altes Baumwolltuch, so oft gewaschen, dass es nicht mehr sauber werden konnte. Ich faltete es dreimal. Nun war es dick genug, lang genug. Ich trug es mit beiden Händen gespannt vor mir. Geräuschlos schlich ich durch die halboffene Tür zurück ins Kinderzimmer. Langsam, zielstrebig jedoch näherte ich mich dem Mann, der auf meinem Bett lag. Er nahm keinerlei Notiz von mir. Kurz hielt ich, neben seinem Kopf angekommen, still und betrachtete ihn. Wehrlos lag er vor mir, wehrlos, aber nicht unschuldig. Die Missgunst, die Abscheu, die mich durchfuhren, erschreckten mich nicht, im Gegenteil, ich genoss sie. Ich fühlte, wie dieser Augenblick mir ganz allein gehörte. Der Alte war mir vollkommen ausgeliefert. Ich dachte über nichts nach, wartete nur, ob er die Augen aufschlagen würde. Insgeheim wünschte ich mir das. Doch er tat es nicht. Noch nicht.

Einige Sekunden lang hielt ich das Handtuch über ihn, dann presste ich es mit einer ruckartigen Bewegung fest auf sein Gesicht. Blitzschnell faltete ich es von den Seiten her ein weiteres Mal, so dass es nun genau seinen Mund und seine Nase bedeckte, und drückte zu, so fest ich konnte. Ich bündelte, wie ich es als Karateka gelernt hatte, meine gesamte Kraft auf die kleine Fläche unter meinen Handballen. Ich ließ meinen Atem zirkulieren und zog die Energie über die nackten Füße aus dem Boden, holte sie aus meinem Becken und konzentrierte sie auf die übereinander gefalteten Lagen des Baumwollstoffs, der sich unter meinen Händen in Mund und Nasenlöcher des Großvaters zwängte. Ich achtete darauf, nicht zu wackeln oder abzurutschen. Fortwährend prüfte ich, dass all seine Atemwege luftdicht verschlossen blieben. Ich wusste genau, was ich tat, und sah nicht weg.

Ein Zucken durchfuhr den Großvater, als er sein Ersticken erkannte. Sogleich begann er sich heftig zu winden und zu schütteln. Ich ließ mich davon nicht beeindrucken und hielt seinen Kopf auf das Kissen gepresst, drückte ihn mit konstanter Gewalt in das Bett hinein, in dem ich über zwanzig Jahre lang geschlafen hatte. Der Alte würde keine Chance haben, sich mir zu entreißen. Ich sah, wie die Todesangst seinen Körper durchraste, und spürte meine Kontrolle über ihn, meine Dominanz. Selbst wenn er nicht alt und krank gewesen wäre, hätte er nichts gegen mich ausrichten können.

Plötzlich schlug er die Augen auf. Er versuchte zu schreien, doch durch das Handtuch drangen nur erbärmlich dumpfe Geräusche. Er winselte, flehte mit allem, was ihm blieb, versuchte, mich abzuwehren, zitterte bis in die Zehen. Ungläubig starrten seine dunklen Augen mich an. So klein, so tief in ihren Augenhöhlen versunken, jetzt erweiterten sie sich und versuchten, mit mir in Kontakt zu treten. Mein Erbarmen war die einzige Hoffnung, die ihnen blieb. Sie hatten mich, hatten ihr Schicksal erkannt, und taten jetzt alles, um es abzuwenden. Mich aber konnten sie nicht beeinflussen. Ohne Scham, ohne Ekel blickte ich dem Alten ins Gesicht. Ich blieb ruhig und bei der Sache. Ich kostete meine Überlegenheit aus. Ein wenig erhöhte ich den Druck noch. Und ich würde ihn halten, so lange es notwendig war. Ich war überzeugt, dass es nicht mehr lang dauern konnte.

Inzwischen war der Alte jedoch hellwach. Sein Zappeln ging in wütende Versuche über, mich abzuschütteln. Er hatte eingesehen, dass Flehen nichts nützte. Jetzt versuchte er, mich mit den Händen zu packen, und schlug panisch mit den Beinen nach mir. Damit hatte ich nicht gerechnet, aber es brachte mich nicht aus der Fassung. Sein Widerstand war aussichtslos, das muss er gewusst haben, trotzdem gab er nicht auf. Er hätte sich still dem Sterben hingeben können, es schneller machen, es mir und sich selbst leichter machen. Er war der Unterlegene. Fast hätte ich ihm das ins Gesicht gesagt. Doch er kämpfte weiter, und in seinem letzten Aufbäumen entwickelte Großvater eine so überraschende Kraft, dass ich all meine Energie einsetzen musste, um seine Gegenwehr zu unterbinden. Bald drückte ich so fest mit den Händen zu, dass ich riskierte, sein Kiefer zu brechen. Halb setzte ich mich sogar auf ihn, um mit meinem rechten Bein seine Arme zu stabilisieren, mit denen er mich zu würgen versuchte. Mit meinem ganzen Körper musste ich den verzweifelten Todeskampf abwehren, den er mir lieferte. Natürlich war es zu spät, um umzukehren. Ich wollte die Sache hinter mich bringen. Ich konnte, was ich begonnen hatte, nicht auf halber Strecke beenden.

Irgendwann, ich weiß nicht, wie lang das Ringen tatsächlich anhielt, erschöpfte sich der Widerstand des Mannes unter mir. Endlich versagten seine Kräfte, und er gab meiner

Überlegenheit nach. Von einem Moment auf den anderen erschlaffte sein gesamter Körper. So eng, untrennbar, wie ich inzwischen mit ihm verbunden war, spürte ich sofort, dass die Arbeit getan war und ich den Druck verringern konnte. Langsam glitt ich zu Boden. Unablässig hielt ich das Handtuch über seinen Mund und seine Nase, aber das war bloß eine Vorsichtsmaßnahme. Nur eine Frage von Sekunden war es noch, bis seine Augen sich schließen würden. Nie wäre mir in den Sinn gekommen, sie mit dem Handtuch zuzudecken. Ich wollte den Monarchen sehen, wollte in ihn hineinsehen, wollte ihm zu verstehen geben, dass es vorbei war, auch wenn einer wie er so etwas nicht verstand. Seine Augen wurden leer. Sie blieben auf mich gerichtet, aber sie sahen mich nicht mehr an, sie konnten nicht mehr sehen, hatten es aufgegeben, das Sehen. Sogleich folgte der gesamte Körper ihnen nach, sackte in sich zusammen, bebte ein letztes Mal und blieb schlaff auf dem Bett liegen.

Kurz wartete ich noch ab. In völliger Ruhe stand ich eine Weile über Großvater gebeugt. Betrachtete, studierte ihn. Trennte mich von ihm. Dann hob ich das Handtuch von seinem Gesicht. Auf der Unterseite klebten etwas Spucke und Schleim. Ich würde es vorsichtig waschen müssen, bevor ich die Wohnung verließ. Sorgfältig strich ich das Leintuch unter dem Toten glatt, bettete das Kissen unter seinem Kopf auf und machte die aufgewühlte Decke zurecht. Dann legte ich seine Arme und Beine in die Position, in der sie gelegen waren, bevor ich gekommen war. Ich achtete darauf, einen scheinbar Schlafenden zu hinterlassen. Es würde wirken, als wäre er friedlich im Schlaf gestorben. Endlich hatte Gott Erbarmen gezeigt und ihn zu sich geholt.

Als ich fertig war, war alles in Ausgangsstellung, fast, als wäre nichts geschehen. Nur dass er nicht mehr röchelte, hustete, schleimte, würde meiner Mutter bald auffallen. Ein stiller, toter Körper lag im Bett, wie vorhin der lebendige hier gelegen war. Von der Schwerkraft wurde er auf die Unterlage gezogen. Gott hatte ihn erlöst. Nichts hatte er ausrichten können, der Monarch.

Dann ging ich rückwärts zur Tür, den Blick weiterhin auf das Totenbett gerichtet. Ich spürte keine Unruhe, keine Angst, keinerlei Emotion. Ich zitterte nicht. Eine große Taubheit hatte mich erfasst und, ja, eine Genugtuung. Die Zimmertür zog ich genau so weit zu, wie sie bei meiner Ankunft offen gestanden hatte.

Im Bad entfernte ich behutsam Großvaters Schleim vom Handtuch. Ich verwendete so wenig Wasser wie möglich. Meiner Mutter durfte das feuchte Tuch nicht auffallen, wenn sie heimkam. Dann hängte ich es zurück auf den Halter. Ich zog meine Socken an und trocknete das Waschbecken mit dem Pulloverärmel ab. Mehrfach versicherte ich mich, dass alles im Bad wie unberührt von mir war. Ich war nicht hier gewesen, Großvater war entschlafen.

Ich zog meine Jacke über, die ich in der Diele ausgezogen und aufgehängt hatte. Kurz lauschte ich, ob sich jemand im Stiegenhaus befand, bevor ich aus der Wohnung trat. Dann schloss ich die Tür hinter mir, schlüpfte in meine Schuhe und verließ die Siedlung.

HITOTSU

In den folgenden Tagen kam eine große Erschöpfung über mich. Es war, als hätte ich mich körperlich überanstrengt. Ich blieb lange im Bett, vergrub mich im Keller, ging spazieren, manchmal mit, manchmal ohne Elena. Ich erzählte ihr nicht von dem Vorfall. Niemandem erzählte ich je davon. Alles hielt ich fest verschlossen, tief in mir. Bis zum heutigen Tag.

Offiziell ist mein Großvater seiner Silikose erlegen. Im Dezember 1994 haben er und seine Lunge die Arbeit aufgegeben und dem jahrzehntelangen Tunnelbau Tribut gezollt. Untersuchungen wurden nie eingeleitet, zu klar war die Lage.

Wochen, Monate dauerte es, bis ich einordnen konnte, was geschehen war. Vielleicht wäre es besser gewesen, mit jemandem darüber zu reden, aber dazu konnte ich mich nicht durchringen. Ich wollte Elena nicht hineinziehen, selbst wenn sie womöglich Verständnis gezeigt hätte. Wahrscheinlich bemerkte sie einen Wandel an mir, aber sie drängte mich nicht, ihr Auskunft zu geben, nie drängte sie mich zu irgendetwas, immer reihte sie, wie eine Art Liebesbekenntnis, die persönliche Freiheit über alles andere, nicht aus Desinteresse an unserer Beziehung, vielmehr als Beweis dafür, dass sie mir vollkommen vertraute. Ich nutzte diese Freiheit und behielt das Geheimnis für mich, begab mich auf eine klandestine Reise in die Abgeschiedenheit meiner selbst, um es zu verarbeiten. Ich war mir nicht sicher, ob und in welchem Zustand ich zurückkehren würde. Doch als ich wieder auftauchte, war etwas mehr, etwas neu in mir geworden. Ich hatte etwas entdeckt, das verborgen gewesen war, eine neue Fähigkeit. Ich wusste nun, wozu ich in der Lage war.

Der Beerdigung wohnte ich nicht bei. Mutter war das recht. Außerdem wusste sie nicht, wo ich wohnte, und es gab noch kein Mobiltelefon oder E-Mails, also fiel es mir leicht, den Kontakt mit ihr zu vermeiden. Erst Wochen später erzählte sie mir, als ich sie besuchte, dass Großvater gestorben sei. Ich heuchelte kein Beileid, sondern erlaubte mir, so kühl zu reagieren, wie Mutter es erwarten konnte. Ob ich sein Grab sehen wollte, fragte sie. Nein, sagte ich, und das überraschte sie nicht.

Ihr war am Abend seines Todestages aufgefallen, wie ruhig Großvater im Bett gelegen war. Dann hatte sie seinen Atem geprüft und gewusst, dass es vorbei, endlich vorbei war. Nie würde sie sich die Erleichterung darüber eingestehen. Ich jedoch nahm sie schweigend zur Kenntnis. Ich spürte, dass ich das Richtige getan hatte. Mutter muss es wie ich gespürt haben. Ein stummes Einverständnis verband uns miteinander. Mit dieser einen Tat hatte ich die Schuld abbezahlt, in der ich bei Mutter zu stehen meinte. Uns beiden war dies bewusst. Doch wir konnten es nicht artikulieren. Bald fiel unsere Kommunikation in dieselbe Oberflächlichkeit zurück, in der sie immer steckengeblieben war.

Mutter fühlte sich verpflichtet, mir anzubieten, wieder in der Salurner Straße einzuziehen. Das Zimmer ist frei. Es ist deines, sagte sie. Ich lehnte ab. Vorerst zumindest, sagte ich, um die Unverbindlichkeit zwischen uns zu wahren. Mutter verräumte die Sachen ihres Vaters, warf sie weg, wie ich hoffte, richtete das Zimmer wieder als das Jugendzimmer her, das es gewesen war. Hier hast du deinen Schrank. Dein Bett. Wann du willst. Sie sagte es ohne Nachdruck. Ich verstand es als Dankesgeste, weniger als ernstgemeintes Angebot.

Bald begann ich wieder zu jobben. Ich arbeitete so hart wie möglich, denn ich spürte, wie gut es tat, mich körperlich zu betätigen. Mit ähnlicher Intensität trainierten Guido und ich im Karate-Dojo. Ich hatte zwar begonnen, die Unfehlbarkeit Sensei Kaneyamas in Frage zu stellen, und litt unter seiner Diktatur, aber ich versuchte, sie über mich ergehen zu lassen. Jegliche Autorität erinnerte mich mittlerweile an Großvater, dennoch wollte ich mich Kaneyama so lang wie möglich unterwerfen, so schwer es mir auch fiel. Gegen ihn war ich machtlos, und da das Karatetraining das Einzige war, was Guido und mich noch verband, wollte ich nicht aufgeben.

Ich begann die Arbeit an meinem ersten Roman. Nach Hunderten Seiten mit Tagebucheinträgen, essayistischen Überlegungen und Aufzeichnungen wollte ich mit der Arbeit an einem großen, zusammenhängenden, fiktiven Werk beginnen. Doch der Schritt zur Fiktion misslang. Der Ich-Erzähler, den ich ersann, blieb an mir kleben, ich erlaubte ihm nicht, eine eigene Identität zu entwickeln, und ließ ihn auf halber Strecke zwischen Selbstporträt und literarischer Figur verhungern. Es wäre sinnvoller gewesen, strikt autobiografisch etwas zu schreiben, über das ich wirklich Bescheid wusste, von meinem eigenen Leben zu berichten, wie ich es jetzt tue, oder dem meiner Mutter. Ich hätte erfinden können, was sie mir verschwieg, und allein, was ich von ihr wusste, hätte als Grundlage für eine Erzählung getaugt. Wie sie mit fünfzehn die Flucht aus Glurns, die Flucht vor dem Monarchen ergriff, nach Nordtirol kam und von einer Südtirolersiedlung in die nächste taumelte, immer weiter westwärts, bis sie mit neunzehn über Onkel Jakob in Vorarlberg landete, 1967, zwei Jahre vor meiner Geburt. Basierend auf wahren Begebenheiten zu schreiben wäre einem Roman-Debütanten leichter gefallen, zumal ich wenig Sinn für Belletristik hatte. Meist las ich abstrakte Sachbücher, Philosophie, Mathematik, besonders der experimentellen Physik war ich zugetan, Quantenmechanik, Astrophysik, der Urknall, Schrödingers Katze, all das fesselte mich, ein Buch nach dem anderen lieh ich mir aus der Bücherei. Vielleicht hätte ich sogar das Zeug zu einem Studium gehabt. Doch auch wenn ich es nicht akademisch verfolgte – auf eine solche Idee wäre unsereins nicht gekommen –, liebte ich die Vorstellung eines Multiversums oder das Doppelspaltexperiment, das beschrieb, wie Dinge erst geschahen, weil wir sie beobachteten. Nichts war demnach real, außer wir entschieden, was es zu sein hatte. Die Wirklichkeit, an der wir festhielten, wurde von uns selbst in jedem Augenblick aufs Neue erschaffen. Dieses Anzweifeln der Realität und die Frage, ob der Stein, auf dem ich sitze, derselbe Stein wäre, würde ich nicht auf ihm sitzen, trösten mich noch heute.

Bei meinem ersten Romanversuch jedoch erschien mir diese Faszination hinderlich, und ich klammerte alles Wissenschaftliche aus. Stattdessen erprobte ich die lyrische Phantasie, an der es mir mangelte. Ich duldete keine autobiografischen Züge an meinem Protagonisten. Gleichzeitig aber ließ ich seine Zügel nicht locker. Je mehr ich mich über die Jahre in diesem Widerspruch verfing, desto weniger erweckte ich ihn zum Leben, immer weniger greifbar und nachvollziehbar wurden er und sein Tun. Selbst mir als Autor erschien er nie plastisch, nie bildlich. Sobald ich Wesenszüge von mir in ihm erkannte, wich ich zurück, weil ich nicht über mich selbst schreiben wollte. Sobald er sich wiederum zu weit von mir entfernte, verlor ich ihn aus dem Blickfeld und stattete ihn mit Facetten meines eigenen Charakters aus, um ihn zurückzuholen. Eine unheilvolle Spirale nach unten, die, das hätte ich früher erkennen müssen, zu keinem Ergebnis führen konnte. Dennoch versuchte ich jahrelang, anstatt ganz neu zu beginnen, das Dilemma in den Griff zu bekommen. In meiner Verzweiflung verwarf ich ganze Kapitel oder arbeitete ausgedehnte Passagen so lang um, bis ich die handgeschriebenen Seiten zerknüllte und in den Papierkorb schmiss. Auszüge, die mir stilistisch gefielen, legte ich beiseite, aber je mehr Chaos sich übereinander türmte, desto weniger fügten sich die übergebliebenen Stücke ineinander. Selbst gelungene Abschnitte passten im Nachhinein nicht zusammen, und ich fand mich in einem Irrgarten voller durchgestrichener und überkritzelter Zeilen wieder. Daraus resultierende Schreibblockaden zwangen mich dazu, resigniert die gesamte Arbeit niederzulegen. Immer weiter verlor ich das Ziel meines Schreibens aus dem Blick. Mir war nicht mehr klar, worauf ich hinauswollte, und so scheiterte mein erstes, nie betiteltes Romanprojekt kläglich. In jahrelanger Arbeit entstand nichts als ein Sammelsurium teils besser, teils schlechter gelungener Passagen, eine Collage von Eindrücken, Skizzen und Entwürfen. Einige hundert Seiten davon, zum Teil mit Schreibmaschine getippt, sind im Schrank unserer Dachgeschoßwohnung verstaut. Bitte bilden Sie sich Ihre eigene Meinung. Sie kennen ja die Adresse. Erscheint das Material auch Ihnen wertlos, scheuen Sie bitte nicht davor zurück, alles auf den Müll zu werfen.

Elena war übrigens keine große Hilfe in diesem Kampf. Wenn ich ihr etwas zu lesen gab, setzte ich mich ihren Launen und ihrer angsteinflößenden Ehrlichkeit aus. Du darfst es nicht persönlich nehmen, sagte sie, wenn sie ihr Urteil sprach. Doch wie kann ein Schriftsteller Kritik an seinem Werk nicht persönlich nehmen! Besser hätte ich Elena, die mir näher als alles in der Welt stand, nicht so früh in den Schreibprozess miteinbezogen, denn ihre Kritik verwirrte und demotivierte mich, spornte mich nicht an, sondern spülte ein Gefühl des Versagens über alles, was ich schrieb. Selbst wenn Elena sich milde ausdrückte oder eine Beurteilung überhaupt vermied, allein in ihrem Blick erkannte ich, zu welch mangelhaftem Ergebnis meine Bemühungen geführt hatten. Elena wollte mich nicht verletzen, aber ständig lauerte in meinem Hinterkopf die Furcht vor ihrer Meinung, und schon deshalb rührte ich oft trotzig mein Werk nicht mehr an. Eine Weile versuchte ich sogar so zu schreiben, wie es Elenas persönlichem Geschmack entsprechen musste.

Beim zweiten Roman, an dem ich mich viele Jahre später versuchte, vereinbarten Elena und ich, dass ich ihr nichts zu lesen geben würde, bis ich das Manuskript zu Ende gebracht hätte. Doch dazu kam es nie. Kein einziges Wort bekam Elena je zu lesen.

Auch diese vielen, nie abgeschlossenen Seiten finden Sie im Schrank in der Heldendankstraße. Teils auf der Schreibmaschine, teils auf dem Computer getippt. Letzte Woche habe ich alles ausgedruckt, was sich in dem Ordner befand, bevor ich sämtliche Files von der Festplatte gelöscht und mich von allen digitalen Spuren befreit habe. Sicherheitskopien habe ich ohnehin nie angelegt, denn ich finde, dass es beim Schreiben um ein gewisses Risiko und etwas Endgültiges geht. So wie jetzt, wo ich am Gipfel sitzend, frierend mit Kugelschreiber auf Papier schreibe, weil dieser Vorgang schon in sich rücksichtslos zu sein hat. Vielleicht komme ich damit endlich durch, dieses eine Mal in meinem Schriftstellerleben, im dritten Anlauf ein Manuskript fertigstellen, zu Ende schreiben, was ich schreiben will, bevor die Nacht über den Bocksberg zieht.

Bloß ein kurzes Exposé legte ich Elena vor, mit der Bitte, formale Fehler zu korrigieren, bevor ich mein zweites Romanprojekt für ein Literaturstipendium einreichte. Dank Elenas Änderungen bekam ich die Förderung. Sie hatte – halbe Sachen waren ihr schließlich fremd – meinen Entwurf völlig umgearbeitet und den leicht unterwürfigen, akademischen, aber nicht allzu selbstsicher klingenden Ton getroffen, den die Jury erwartete. Elena verstand es besser als ich, mit dem Kanon des Bildungsbürgertums zu jonglieren. Ich war allein meiner Herkunft wegen von vornherein ausgeschlossen. Elena fälschte mein Curriculum Vitae, machte mich zum Germanistikstudenten und fingierte Beiträge für diverse Literaturzeitschriften und sogar Pressezitate, um mein Profil zu schärfen. Das führte dazu, dass wir 2003 sogar drei sommerliche Monate auf Staatskosten in der feudalen Wohnung einer römischen Villa verbringen durften, wo ich den Roman ein wenig weiterbrachte, mich vor allem aber dem *dolce far niente* widmete, das die Italiener so meisterhaft beherrschen. Alles an der italienischen Lebensart kam mir vertraut vor, und ich überlegte, ob es mit meinen Südtiroler Wurzeln zusammenhing, wie nahe mir dieses Entspannte lag, das nicht nur im Tagesablauf, sondern auch im Rhythmus der Italiener zu finden war und sich in ihren Intellekt hineinzog, der mir viel weicher, geschmeidiger vorkam als das verkrampfte Kampfdenken, das den deutschsprachigen Raum beherrscht.

Hättest du wohl gern, meinte Elena. Das *Alto Adige* ist für Römer nicht Italien. Als *Tirolesi* gehst du durch, ja, aber besonders schmeichelhaft ist das nicht.

Elena, die während des gesamten Aufenthalts mit mir in Rom geblieben war, arbeitete dort mehr, als ich, der Stipendiat, es tat. Sie müssen wissen, dass Elena ebenfalls Schriftstellerin war, wenn auch auf völlig andere Weise. Sie erdichtete nichts, versuchte weder Welten noch Figuren zu erschaffen, schrieb nicht der Kunst wegen, sondern arbeitete seit ihrem Germanistikstudium pragmatisch Textentwürfe ab, die Kunden, größtenteils lokale Firmen, aber auch Einzelpersonen oder staatliche Organisationen, die etwas zu veröffentlichen hatten, bei ihr in Auftrag gaben. Elena brachte Informationstexte und Werbematerial, manchmal auch interne Papiere in Form, ließ ihre Klientel so klingen, wie sie zu klingen wünschte, lektorierte Rohtexte und wurde nach einem vereinbarten Satz bezahlt. Eine Auftragsschreiberin sei sie, meinte Elena, nicht mehr und nicht weniger. Sie machte ihren Job gut und kam auf einen besseren Stundenlohn als ich bei meinen Gelegenheitsjobs. Vor allem war sie frei und konnte überall arbeiten, wo es einen Internetanschluss gab. Ich beneidete sie darum. Andererseits ekelte mir vor ihrer Arbeit, die mir unehrlich, ja schmutzig, verräterisch der Kunst gegenüber erschien. Elena schrieb für jeden, der ihre Dienste in Anspruch nehmen wollte und das Honorar bezahlte. Um Inhalte kümmerte sie sich nicht.

– Wie kannst du dich für so etwas hergeben?, fragte ich manchmal, wenn ich einen ihrer korrekten, ja makellosen, aber verwerflichen Texte zu Gesicht bekam.

– Denkst du, die Baufirma, für die du dir den Arsch abarbeitest, hat weniger Dreck am Stecken?, fragte Elena zurück.

– Das ist etwas anderes, ein reiner Geldjob, Zeitarbeit, Lohnarbeit.

– Auch ich mache diese Arbeit nur, um Geld zu verdienen. Schließlich müssen wir alle irgendwie Geld verdienen.

– Aber du schreibst. Du gibst dich für die Kunst her.

– Mein Schreiben ist keine Kunst. Es ist Arbeit und wird nach einem Stundensatz bezahlt.

Es war aussichtslos, mit ihr zu diskutieren. Auch darüber. Und schließlich hatte Elena recht. Sie musste Geld verdienen, manchmal sogar für uns beide, wenn ich wenig Lohnarbeit hatte oder wenig Lust darauf, weil ich mich lieber der Schriftstellerei widmete, mit der ich nie Geld verdiente – abgesehen von den drei Monaten Stipendium in Rom, für die mir jeweils achthundert Euro überwiesen wurden.

Mein zweiter Romanversuch trug einen Namen, einen Arbeitstitel wenigstens. *Mont Real*. Sie werden es ja sehen, wenn Sie den Papierstapel im Schrank gefunden haben. War mein gescheiterter Romanerstling noch ein ergebnisloses Kreisen um philosophische Betrachtungen und lyrische Phantasien gewesen, die keinem Plot dienten, so schaffte ich es, meinen zweiten Anlauf stringenter in ein Handlungsgerüst einzubetten. Jetzt reflektierte ich nicht mehr aussichtslos die Fragen des Lebens, des Sterbens, des Tötens und Überlebens, sondern spulte meine Einfälle entlang eines durchdachten Konzepts ab. Ich nahm eine reale Person als Vorlage, deren Leben ich ein wenig kannte, nicht so gut, dass keine Möglichkeit der Fiktion geblieben wäre, aber gut genug, um einen ordentlichen Ausgangspunkt zu haben. Ich hatte mich an meinen früheren Siedlungsfreund, den Platzgummer Hansi, erinnert, der ein paar Straßen entfernt von mir aufgewachsen und als Jugendlicher nach Amerika ausgewandert war. Er hatte dem Innerhofer Peter die KTM Quattro hinterlassen, danach verloren sich jegliche Spuren von ihm. Ideale Voraussetzungen, um entlang einer solch offenen Biografie eine Romanfigur zu entwickeln. Ich begann seine Kindheit in der Siedlung zu beschreiben, wie ich sie kannte, und verwob sie mit eigenen Kindheitserinnerungen. Ich erfand den Hansi Platzgummer nicht neu, sondern stellte ihn mir bildlich vor, wie ich ihn im Gedächtnis hatte. Eine dürre, blasse Gestalt, die jeder von uns *Skelett* nannte, ein Eigenbrötler, der lieber im Keller Gitarre spielte, als mit uns auf der Wiese zu kicken. Nie machte er bei unseren Streifzügen oder Mutproben mit, betrieb kein Karate, ging nicht Ski fahren, sondern saß daheim oder verzog sich in den Keller, um dort Musik zu machen, wenn ihm das Kinderzimmer, das er sich mit drei Brüdern teilte, zu eng wurde. Für einen Langweiler hielten wir ihn zuerst, aber wenn wir mit ihm sprachen, kam er uns gar nicht langweilig vor, nicht unsympathisch, nur komisch, kauzig. Ständig schien er mit sich selbst und der Musik beschäftigt zu sein und nicht gestört werden zu wollen. Nur sporadisch gewährte er uns Einblick in seine Welt. Ich hatte also jede Menge Freiheiten, Hansi im Roman nach meinen Vorstellungen zu erschaffen. Ich entwickelte eine Sprache für ihn, die sich an seiner Sprechweise, wie ich sie in Erinnerung hatte, orientierte, und versuchte so tief in seine Gedankenwelt einzutauchen, dass ich mit ihm den Entschluss fassen konnte, in die USA zu emigrieren, um Rockstar zu werden. Ab dem Moment, als er in Zürich in das Flugzeug der American Airlines stieg, konnte ich meiner Phantasie freien Lauf lassen. Und genau an diesem Punkt bemerkte ich, wie es mir schwerer fiel, mit dem Roman voranzukommen. Ich ließ Hansi bei seinem Versuch, sich im Land der unbegrenzten Möglichkeiten durchzusetzen, scheitern. Ich gab ihm, ohne jemals dort gewesen zu sein, niedere Arbeiten in New York, mit deren Hilfe er sich durchschlagen musste, und ließ ihn Bourbon-Whiskey trinken, mehr als genug, bis er eine Art Ostküsten-Bukowski wurde, der schließlich in Montreal landete, einer Stadt, die ich selbst immer bereisen wollte. Dort wurde er von mir als Clochard dazu verdammt, den kanadischen Winter zu überstehen. Da ich mir eine Recherchereise nach Montreal nicht leisten konnte, studierte ich bis ins Detail, was ich in der Bibliothek über die Stadt herausfinden konnte, bereiste sie monatelang im Geiste, bis ich selbst kaum noch wusste, ob ich jemals dort gewesen war oder nicht. In gewisser Weise fühlte es sich wie Urlaub an. Doch in der Kälte und den Obdachlosen-Unterkünften Montreals verlor ich Hansis Fährte und geriet ins Stocken. Erneut erkannte ich, dass ich nicht wirklich wusste, wohin die Schreiberei führen sollte. Was hatte ich vor mit Hansi Platzgummer? Hunderte Seiten hatte ich gefüllt, aber worauf ich abzielte, war nicht klar. Mit dieser wie ein Damoklesschwert über meinem Werk hängenden Einsicht erschien mir das Schreiben bald als Freizeitbeschäftigung, als Zeitvertreib.

Als eine Art Ersatzbefriedigung begann ich Nebenfiguren zu konstruieren und hoffte so, von der Sinnlosigkeit abzulenken, die mein Unterfangen ergriffen hatte. Familienmitglieder, Freunde, Helfer, sogar eine Freundin dichtete ich Hansi an. Ich versuchte, die Leere zu füllen, die mein Manuskript erfasst hatte, und über verzweifelte Umwege aus der Sackgasse herauszufinden, in die ich geraten war. Schließlich verzettelte ich mich vollends.

Gerne hätte ich mit Elena darüber gesprochen, sie um Rat gebeten, ihr zu lesen gegeben, was ich geschrieben hatte. Doch sie weigerte sich. Wir haben ausdrücklich vereinbart, dass du mir diesmal nichts von deiner Arbeit zeigst, erinnerte sie mich und hatte recht wie immer, unumstößlich wie immer. Ich war auf mich allein gestellt und verstrickte meinen Protagonisten in derart viele Optionen, dass es unmöglich wurde, sich für einen Weg zu entscheiden. Hansi und ich stagnierten. Ich legte den Text beiseite und hoffte, mit etwas Abstand auf neue Ideen zu kommen. Im Lauf der Zeit jedoch wurde der Abstand so groß, dass ich kaum noch wagte, das Manuskript zur Hand zu nehmen. Das bisher Geschriebene rückte so weit in die Ferne, dass ich nicht mehr daran anknüpfen konnte. Jeden Tag, jede Woche, jeden Monat erfand ich neue Ausreden, um die Arbeit vor mir herzuschieben. Ich machte Überstunden auf der Baustelle, ging einkaufen, nahm ein Bad, schnitt mir die Fingernägel, trank Tee, aß Knäckebrot, alles kam mir gelegen, um mich vom Schreiben abzuhalten. Die Kluft zwischen meinem Werk und mir wurde unüberwindbar. Während die Schreibpausen länger und länger wurden, begann eine schreckliche Müdigkeit meinen verbliebenen Arbeitswillen zu besiegen. Jeglicher

Arbeitstrott kam mir abhanden. Wenn ich mich zum Schreiben aufraffte, vergeudete ich, anstatt die Geschichte weiterzuführen, die Zeit mit feigen Eingriffen an alten Passagen und zerfledderte das Manuskript in Stücke. Eine Idee hier, ein Versuch da, wahllos fügte ich Korrekturen ein, spontane, chaotische Änderungen. Ich opferte alles einer visionslosen Änderungswut. Mein Schreiben verkam zur Beschäftigungstherapie, und zu meinem Hansi Platzgummer verlor ich den Bezug. Anstatt zu fühlen, zu denken, zu handeln wie er, ließ ich ihn zur Skizze verblassen. Weder entwickelte ich mich mit ihm, noch gestattete ich ihm die eigenständige Entwicklung. Ich sezierte ihn, bevor ich ihm je Leben eingehaucht hatte.

Ich verlor den Überblick. Irgendwann war es mir unmöglich, dem Teufelskreis zu entkommen, in den ich geraten war. Nichts als die Angst vor dem erneuten Scheitern blieb. Sie hatte sich über den gesamten Text ausgebreitet, war die einzige Konstante geworden, die ihn durchzog. Lange gestand ich mir die Niederlage nicht ein, aber ein zweites Mal war mir das literarische Schaffen unwiederbringlich entglitten.

HITOTSU

Guido wurde erster Sempai unseres Karatevereins, was für ihn in erster Linie Arbeit statt Training und Unterrichten statt Kämpfen bedeutete. Der Sempai musste das Training des Senseis unterstützen, er war für die Drecksarbeit zuständig, musste aushelfen, anpacken, wo immer es der Sensei befahl, musste konzentriert und ergeben als Vorbild dienen.

Guido hatte wenig Lust darauf, aber es blieb ihm keine Wahl. Niemand durfte Sensei Kaneyamas Befehle ignorieren, die Anordnungen des Meisters duldeten keinen Widerspruch. Eine einzige Antwort war möglich: *Os!* Ständig wurde uns in Erinnerung gerufen, dass Karate mit Respekt beginnt und endet. Wir waren dieses Dōjōkuns überdrüssig. Schließlich waren wir Südtiroler, keine Japaner, wir wollten kämpfen und trainieren, nicht uns ein Leben lang in Respekt und Disziplin üben. Die fünf Grundregeln des Karate waren uns brotlose Theorie. *Hitotsu! Reigi o omonzuru koto!*, hatten wir bei jedem Training zu brüllen, Ehre erstens die Prinzipien der Etikette. Auch die weiteren Grundsätze des Karate waren mit *Hitotsu* – Erstens – versehen, alle standen gleichberechtigt an vorderster Stelle, es gab kein Zweitens, kein Drittens, alles genoss dieselbe Priorität. *Hitotsu! Makoto no michi o mamoru koto!* – Sei erstens aufrichtig. *Hitotsu! Jinkaku kansei ni tsutomuro koto!* – Suche erstens nach der Perfektion deines Charakters. *Hitotsu! Doryoku no seishin o yashinau koto!* – Sei erstens achtsam in deinem Streben. Auch wenn mir die Lehrsätze wenig sagten, verstand ich zumindest das Prinzip ihrer Gleichstellung. Selbst Kaneyamas Lieblingsregel – *Hitotsu! Kekki no yū o imashimuru koto!* (Verzichte erstens auf Gewalt) – bildete keine Ausnahme. Alles war gleichbedeutend, nichts wichtiger, nichts weniger wichtig als anderes. Auch heute, wenn ich hier auf dem Bocksberg sitze und mich schreibend zurückdenke, erkenne ich, wie Momente meines Lebens anderen unterlagen und alles erst in Summe seine Bedeutung erlangte. Nur im Nachhinein werden die Zusammenhänge deutlich, in denen all die Hitotsus meines Lebens standen.

Guido war impulsiver als ich. Er verfiel nie ins Grübeln, sondern vertraute beharrlich dem Instinkt, von dem er sich durchs Leben treiben ließ. So ertrug er auch das Karatetraining besser als ich, das immer zermürbender wurde. Stetig arbeitete er sich hoch, und während ich nach mehr als zehn Jahren noch mit dem Prüfungsprogramm zum ersten Braungürtel beschäftigt war, bereitete er sich bereits auf seine Dan-Prüfung, die Schwarzgürteleignung, vor, die er Anfang der neunziger Jahre beim obersten Richter des Karateverbands in Mailand absolvieren wollte. Jahrelang hatte Guido geübt und Geld für die Prüfungsgebühr, für Reise und Unterkunft gespart. Ich begleitete ihn nicht nach Mailand. Es blieb mir erspart mit anzusehen, wie Guido zwar schwierigste Kombinationen blitzschnell meisterte und auch im Freikampf und mit seinem theoretischen Wissen überzeugte, die Prüfung aber trotzdem nicht bestand. Als Abschluss verlangte das Prüfungskomitee von ihm, die erste und einfachste Grundschul-Kata *Taikyoku Shodan* vorzuführen. Jeder Karateka kannte sie. Doch Guido hatte mit dieser unerwarteten Zusatzaufgabe nicht gerechnet. Zu lang war es her, dass er sich mit der Kata befasst hatte. Keine Sekunde blieb ihm zum Überlegen, keine Sekunde, sich zu fassen. An drei Stellen seiner Darbietung schlichen sich kleine Fehler ein, zu viele für den Prüfungsleiter. Guido scheine keinen Respekt vor den einfachen Techniken und Grundübungen des Karate zu haben, sagte er und schickte ihn nach Hause. Ein Jahr später dürfe er wieder antreten oder es bleiben lassen, falls er sich dazu nicht in der Lage fühle. Ich hätte wohl zweitere Option gewählt, Guido aber ließ sich nicht entmutigen. Ein weiteres Jahr übte und sparte er. Dann reiste er erneut nach Mailand und bestand, bekam im zweiten, makellosen Anlauf seinen Schwarzgürtel.

– Den hast du dir sowas von verdient, sagte ich und gratulierte ihm, als er aus Mailand zurückkehrte.

– Ja, den hab ich mir verdient, sagte er trocken.

Mehr nicht. Auch Sensei Kaneyama nahm Guidos Erfolg ohne überschwängliche Reden zur Kenntnis. Schweigend überreichte er ihm im Dojo in der folgenden Woche den Schwarzen Gürtel. Wir niederen Karatekas standen auf der Linie und applaudierten. Der Sensei wartete reglos ab, bis absolute Ruhe einkehrte, sein Gesicht ernst wie immer, eingefroren. Kurz nickte er Guido zu. Er lobte ihn nicht, aber ich meinte, ein wenig Anerkennung in seiner Geste zu erkennen. Guido selbst wirkte zufrieden und gefasst. Er verneigte sich und nahm den Gürtel als Rechtfertigung für all die Mühen in Empfang, die er durchgestanden hatte und weiterhin durchstehen würde müssen. Wir alle wussten: Mit jedem Gürtel stieg die Verantwortung und wuchsen die Anforderungen. Guido begab sich ins hintere Eck des Dojos, um den Gürtel zu wechseln. Die Art und Weise, wie er den alten Braunen fast zögerlich ablegte und den neuen Schwarzen umband, wirkte für mich nicht wie ein Ausdruck des Erfolgs, kein Genuss, vielmehr die Erkenntnis eines Verlusts war zu vernehmen, kein Neubeginnen, sondern ein Beenden. Der Sensei und wir warteten still, bis Guido zurück zu uns an die Linie kam und den Platz des Sempais rechts außen einnahm. Dann begann Kaneyama eine übliche, schonungslose Trainingseinheit. Guidos abgelegter Gürtel blieb im Eck liegen, und mit ihm, so kam es mir vor, blieb die Leidenschaft zurück, mit der Guido den Kampfsport bislang betrieben hatte. Er hatte sein Ziel erreicht, seine Fähigkeiten bewiesen. Mitte zwanzig war Guido mittlerweile. Er lebte in einem südlichen Vorort von Bregenz und hatte die Südtirolersiedlung hinter sich gelassen. Sascha Jovanic war längst gestorben. Es war nicht anzunehmen, dass Guido außerhalb des Dojos Verwendung für die Kunst der Leeren Hand finden würde. Acht weitere Stufen des Schwarzgürtels hätte Guido in seinem Leben noch anstreben können. Doch was hätte es ihm gebracht?

Am Trainingsende verneigten wir uns vor Sensei und Dojo, wie man es uns gelehrt hatte. Wir machten uns auf den Weg zur Umkleide. Da hörten wir den bitteren Schrei.

– Guido!, brüllte der Sensei.

Einmal bloß. Abgehackt. Schrill, messerscharf. Wir alle fuhren zusammen. Mit erstarrter Miene deutete Kaneyama auf Guidos Braungürtel, der im Eck des Dojos liegen geblieben war. Guido entschuldigte sich, holte rasch den alten Gürtel, verbeugte sich erneut und lief zur Umkleide zurück.

– Das hat der Sensei nicht gern gesehen, sagte ich, während wir uns umzogen.

– Leg ich ihn halt zu den anderen Farbgürteln, die in meinem Schrank verstauben, wenn ihm das lieber ist, sagte Guido.

Ein Karateka hat seine abgelegten Kyūs, die Farbgürtel, wie Trophäen aufzubewahren. Den Schwarzen behält er bis ans Ende seines Lebens umgebunden. Ich habe Schwarzgürtel gesehen, die richtiggehend weiß waren, so ausgefranst und verblichen waren sie.

In der Umkleide wurde mir klar, dass Guido seinen Schwarzgürtel nicht bis zur Unkenntlichkeit tragen würde.

– Ich glaube, er hat mit Karate abgeschlossen, sagte ich später zu Elena.
– Kein Wunder, sagte sie. Irgendwann solltet ihr dem Prügelalter entwachsen. Und selten habe ich einen so unsympathischen Typen wie euren Lehrer gesehen.
– Er ist Japaner, sagte ich.
– Und du offensichtlich Rassist.
– So meine ich es nicht.
– So klingt es aber.

Ich wusste, warum ich es vermied, mit Elena über Karate zu reden. Für sie war es eine lächerlich maskuline Betätigung. Sobald ich mich ihrer Meinung darüber aussetzte, litt meine Motivation, diese Sportart zu betreiben.

Ob es nun Elena war, die es mir ausredete, oder ich selbst die Begeisterung verlor, mein Karatefaible kam mir jedenfalls abhanden. Auch Guido verlor die Lust, immer unregelmäßiger besuchten wir das Training. Das brachte uns die Verachtung des Senseis ein, der für unsere Verantwortungslosigkeit kein Verständnis zeigte. Wir – insbesondere Guido – hätten Vorbilder sein sollen, nun waren wir Drückeberger. Kaneyama ließ uns seine Enttäuschung spüren. In Schaukämpfen warf er uns schmerzvoll zu Boden, um zu demonstrieren, wie schwach unsere Abwehr durch die Faulheit geworden war. Er ließ uns Strafeinheiten machen und schikanierte uns mit Sonderübungen. Vor allem Guido, nun ein in Kaneyamas Augen unwürdiger Schwarzgürtelträger, bekam die Missgunst des Senseis zu spüren. Kaneyama versuchte, das verschwendete Talent mit harter Handhabe zurück auf den richtigen Weg zu zwingen, aber er erreichte das Gegenteil. Immer öfter blieben wir dem Karate fern, immer weiter zogen wir uns zurück, und immer länger wurden die Pausen, die wir einlegten. Als wir uns nach ausgiebiger Abstinenz eines Tages wieder blicken ließen, stellten wir fest, dass Kaneyama selbst den Unterricht in Österreich aufgegeben hatte. Er hatte bei uns Luschen mit seiner Karateschule nichts erreicht und war nach Italien gezogen, wo er seine Vision der japanischen Kampfkunst erfolgversprechender umsetzen konnte.

Mit der Abkehr vom Karate verloren Guido und ich uns allmählich aus den Augen. Er hatte verschiedene, zu stark geschminkte und braungebrannte Freundinnen, denen ich nichts abgewinnen konnte, und Elena wiederum konnte Guido nicht wirklich leiden.

– Ein bisschen arg primitiv ist er schon, sagte sie einmal.

Die Vorstellung, mein halbes Leben mit einem Primitivling verbracht zu haben, kränkte mich.

– Schön und gut, Schatz, dass ihr Jugendfreunde seid, aber irgendwann musst du einsehen, wo die Grenzen liegen.

Wenn Elena mich Schatz nannte, war das keineswegs eine zur Gewohnheit gewordene Floskel. Kein Zufall schickte dieses Wort über ihre Lippen. Sie meinte es, wie sie es sagte, frei von Pathos, ein Liebesbeweis, ich sei ihr Schatz, der einzige in ihrem Leben, warum auch immer. Alle anderen hätte sie haben können, aber mich hatte sie ausgewählt. Mehr redete Elena über die Liebe nicht, mehr gebe es darüber auch nicht zu sagen, meinte sie. Die Liebe sei einfach da oder eben nicht, sie bleibe oder sie verginge. Worte würden ihr niemals gerecht.

Ich konnte nachvollziehen, warum Elena Guido nicht besonders schätzte. Es fehlte ihm an Charme und Esprit. Trotzdem, auch wenn wir auseinanderdrifteten, blieb die Bindung zwischen uns bestehen. Neben Mutter war Guido die einzige Person meiner Kindheit, der Einzige aus der Südtirolersiedlung, mit dem ich Kontakt hielt. Alle anderen waren gestorben, fortgegangen oder für mich bedeutungslos geworden. Ich konnte Guido nicht nach gewöhnlichen Maßstäben bewerten.

Nachdem er mit dem Karate aufgehört hatte, besorgte er sich ein Mountainbike und quälte sich Bergstrecken hoch, trieb sich bis zur totalen Erschöpfung, oft, bis er sich übergeben musste und zittrig am Boden liegen blieb. Sobald er neue Kraft schöpfte, zwang er sich weiter. Immer höhere, ehrgeizigere Ziele steckte er sich. Er liebe den Geruch von verbranntem Gummi, sagte er, wenn er vom Berg hinabraste, teils mit 78 Stundenkilometern und mehr. Bei kleineren Touren machte er dieselbe Strecke mehrfach hintereinander, dieselbe Bergstraße hinauf und hinunter, Tacho und Stoppuhr im Blick. Dreimal den Pfänder rauf und runter habe er in unter vier Stunden geschafft, erzählte er mir. Ich konnte seine Begeisterung nicht teilen. Auch ins Fitnesscenter, in dem er bis zur Erschöpfung trainierte, begleitete ich Guido nicht. Es war nicht mehr dieselbe Welt, in der wir lebten. Auch arbeiteten wir nicht auf denselben Baustellen. Ich war zu leichteren Jobs gewechselt, während Guido im Hochbau beschäftigt blieb und an Brücken und anderen Großbaustellen schuftete. Die körperliche Arbeit war ihm eine Ergänzung zum Sport, er verausgabte sich am Bau wie früher beim Karate. Sein Leben war ein ständiger Kampf gegen die Trägheit des Körpers, nur im Überwinden physischer Grenzen schien Guido sich zu spüren und sich zu mögen. Wie eine Droge war die tägliche körperliche Verausgabung für ihn. Ich fragte mich, wie lange das gutgehen und was danach kommen würde, wenn der Körper eines Tages die Überanstrengungen verweigerte.

Im Sommer 1998 erreichte mich sein Anruf, seit Monaten hatten wir keinen Kontakt gehabt. Ich war allein zu Hause. Plötzlich Guidos Stimme an meinem Ohr. Ich erkannte sie erst gar nicht, so fern und schwach klang sie, mechanisch, leise, wie eine Maschine, der man das Sprechen beigebracht hatte. Beinahe hätte ich aufgelegt, weil ich dachte, jemand erlaubte sich einen Scherz. Ein kraftlos gesäuseltes: Gerold. Doch ich spürte, dass es der gequälten Stimme ernst war. Intuitiv setzte ich mich, was ich normalerweise beim Telefonieren nie tat, auf den Stuhl, der neben dem Wandtelefon stand. Zögerlich fragte ich: Guido? Bist du das?

– Gerold.

Mehr nicht. Wie ein im Sterben liegender Clownroboter, der nichts anderes sagen konnte als meinen Namen. Fast musste ich lachen, obgleich ich fühlte, welch Mühe Guido das Sprechen machte. Allein die zwei Silben meines Namens waren ihm eine Anstrengung.

– Was ist passiert, Guido? Was ist mit dir?, fragte ich.

Glucksende Geräusche folgten. Als wäre die Leitung gestört.

– Ich hatte einen Unfall.

Zerschnittene Wörter. Von unregelmäßigen Pausen durchzogen. Pausen, die mehr als das Gesprochene sagten.

– Wo bist du?, fragte ich.

Nun, da ich mir sicher war, dass es Guido und sein bitterer Ernst war, versuchte ich, ihm das Sprechen abzunehmen.

– Zu Hause, sagte er.

Mit dem Fahrrad dauerte es keine zehn Minuten, bis ich vor der Eingangstür des violett-grauen Wohnblocks stand und bei Guido klingelte. Mit großer Verzögerung surrte der Türöffner. Ich eilte die Treppe zum zweiten Stockwerk hinauf. Eine Schattenversion von Guido deutete mir einzutreten. Zwei Röhren, mehrere Schläuche und Verbände waren an seinem Hals befestigt, darüber ein eingefallenes Gesicht, kaum wiederzuerkennen.

Guidos Einzimmerwohnung war winzig, eine Betonschachtel, die Hunderten anderen in dieser Vorstadtsiedlung glich. Über den verdunkelten Balkon drang kaum Tageslicht ins Zimmer. Guidos überdimensionierter Fernsehapparat flimmerte vor sich hin, die flackernden Bilder einer Eishockeyübertragung spiegelten sich im gläsernen Couchtisch. Ich drehte den Ton ab und setzte mich zu Guido auf das abgewetzte Sofa. Es dauerte lang, bis er, was er mir erzählen wollte, durch die Sprechkanüle an seinem Hals in verständliche Laute formte. Vor jedem Satz musste Guido an dem Röhrchen drücken, das aus seinem Kehlkopf ragte, als müsse er die Kraft erst in sich hineinpumpen, die jedes Wort ihm abverlangte. Zwischendurch bog er den Kopf zur Seite, um Speichel in einen Plastikbehälter ausfließen zu lassen.

– Auf der Baustelle. In Dornbirn. Vor fünf Wochen, sagte er.

Sein Verschnaufen kam mir lauter vor als die eigentlichen Worte. Durch die Kanüle klang seine Stimme, als käme sie aus einem anderen Raum oder aus dem Radio. Es fiel mir schwer, sie mit Guido in Verbindung zu bringen. Ob ich ihm irgendwie helfen könne, fragte ich. Steif schüttelte er den Kopf.

– Es war heiß, sagte er. Ich hatte Durst.

Allmählich verstand ich, was geschehen sein musste. Lang genug hatte ich selbst auf Baustellen gearbeitet.

– Grüne Flasche. Römerquelle-Etikett.

– Vielleicht ist es einfacher, wenn du es mir aufschreibst, sagte ich.

Guido aber wollte nicht schreiben. Vielleicht betrachtete er das mühevolle Sprechen als Herausforderung, jetzt, da sportliche Betätigungen nicht mehr möglich waren.

– Weiß nicht, wer sie dort abgestellt hat. Dachte nichts. Nahm einen großen Schluck.

Nie in meinem Leben hatte ich den Senoner Guido weinen sehen. Nicht, wenn er als Kind gequält und gefoltert worden war, nicht, wenn einer unserer Bekannten gestorben war, nicht, als er die Karateprüfung verpatzte, auf die er sich so lang vorbereitet hatte. Doch jetzt, als er sich abmühte, mir zu beschreiben, wie sich der Schluck ätzender Industrielauge angefühlt hatte, den er statt Mineralwasser getrunken hatte, war er den Tränen nahe. Tiefer Ekel zeichnete sich in seinen Augen ab, Ekel vor dem Gift, vor dem unbedachten Moment, vor sich selbst. Guido hasste sich für diese Dummheit. Ein lächerlicher Fehler hatte von einer Sekunde auf die andere sein Leben zerstört.

Er nahm nun doch den Bleistift zur Hand, der auf dem Couchtisch lag.

Suma Spezial L4, schrieb er auf ein Blatt Papier.

Ich kannte diese Reinigungsflüssigkeit, hochkonzentrierte Lauge, die zu einem guten Teil aus Natriumhydroxid bestand. Sie wurde in einem milchig weißen Plastikcontainer aufbewahrt, immer mit orangem Warnhinweis versehen. Wie konnte jemand eine dermaßen giftige Substanz in eine Mineralwasserflasche füllen!

– Wie Lava im Mund, sagte Guido.

Wer immer es getan hatte, er würde nicht zur Rechenschaft gezogen werden. Man würde keine Nachforschungen anstellen, weil ein Vorarbeiter wie Guido Senoner verletzt worden war. Und auch für Guido selbst machte es keinen Unterschied.

– Feuer, das sich nicht löschen lässt. Immer noch. Brennt es.

Einen Augenblick nur berührte die Lauge Guidos Rachen. Er reichte aus, um ihn für immer zu deformieren. Unwiderruflich wurden Guidos Kehlkopf, seine Zunge und seine Speiseröhre verätzt. Auch die Verletzungen seiner Luftröhre waren unumkehrbar. Nichts mehr würde je so sein, wie es gewesen war. Natürlich hatte Guido reflexartig ausgespuckt und versucht, die Flüssigkeit sofort wieder loszuwerden. Er war vornübergekippt und hatte es irgendwie geschafft, die Flasche abzustellen, ohne dass sie umfiel und ihren giftigen Inhalt über den Boden ergoss, auf dem Guido kollabierte. So wurden andere Teile seines Körpers wenigstens nicht verätzt. Würgend war Guido liegen geblieben, noch fast ohnmächtig hatte er weitergekämpft und es geschafft, dem sofortigen Tod durch Herzversagen zu entgehen. Guido Senoner blieb am Leben, fünf Wochen nach dem Unfall aber wirkte er, als würde er noch immer versuchen, das Reinigungsmittel auszustoßen. Der Gedanke drängte sich mir auf, ob es nicht besser gewesen wäre, Guido wäre nie wieder aus der Bewusstlosigkeit erwacht; wenn der Notarztwagen nicht gekommen wäre, hätte man ihn nicht wiederbelebt, ihm nicht auf dem Weg in die Unfallklinik den Magen ausgepumpt, gar nicht erst versucht zu retten, was es von Guido noch zu retten gab. Doch ein schneller Tod wurde ihm nicht geschenkt. Von einem Krankenhaus ins nächste karrte man ihn, mehrfach wurde er operiert. Teile der verätzten Schleimhäute auf der Zunge und im Rachen, tiefe Gewebsschichten im Kehlkopf wurden ihm entnommen. Um die unbrauchbar gewordenen Abschnitte der Speise- und Luftröhre zu umgehen, wurden künstliche Röhren eingesetzt, durch die Guido beatmet und ernährt werden konnte. Sein athletischer Körper stand alles durch. Rasch erholte er sich von den Eingriffen, trotzig stemmte er sich gegen sein unausweichliches Schicksal.

Erst allmählich, nachdem er entlassen worden war und nach Hause kam, wurde dem Kämpfer bewusst, wie sein zukünftiges Leben aussehen würde. Die tägliche Nahrungsaufnahme über eine spezielle Sonde dauerte fünf Stunden. Guido hatte bereits deutlich an Gewicht verloren und würde weiter abnehmen, bis er die kritische Marke unterschritt und eine Woche lang intravenös ernährt werden musste. Wieder und wieder würde sich in Zukunft dieser Rhythmus wiederholen. Einmal im Monat musste sich Guido unter Vollnarkose die Speiseröhre dehnen lassen, ein schmerzhafter, langwieriger Eingriff. Und in absehbarer Zeit stand eine weitere, entscheidende Operation an, bei der ihm entweder der Kehlkopf oder die Speiseröhre entfernt werden musste. Er hatte sich zu entscheiden, ob er in seinem weiteren Leben die Fähigkeit zu sprechen oder die zu essen wiedererlangen wollte.

Fast jeden Tag besuchte ich Guido, aber ich begann, die Besuche und die Ohnmacht zu verabscheuen, der sie mich aussetzten. Ich versuchte, meine Gefühle zu verbergen, versuchte, optimistisch zu wirken und der Situation irgendetwas Positives abzugewinnen. Meist aber saßen Guido und ich bloß still nebeneinander, starrten in den Fernseher und sahen zu, wie Zeit verträufelte. Eine Sportsendung nach der anderen zog an unseren Augen vorbei. Guido wollte nichts anderes sehen, nichts anderes mehr tun.

Er war dazu übergegangen, das meiste aufzuschreiben, was er mir mitteilen wollte. *Simon Wheeldon ist immer noch stark*, gab er mir zu lesen. Es fiel mir schwer, Begeisterung über die Eishockey-Oberliga zu heucheln. Für welche Operation er sich entscheiden wolle, fragte ich. *Kehlkopf*, schrieb Guido. *Vielleicht. Ändert nicht viel.* Unbeholfen nickte ich.

– War das offside?, fragte ich, ohne eine Antwort zu erwarten. Das geht so schnell, das kann man doch gar nicht sehen.

Für Abwechslung sorgten Guidos Krankenhausaufenthalte. Die Dehnungseingriffe an der Speiseröhre unterbrachen unser Sportschauen, aber sie schoben die Entscheidung nur hinaus, wann sein gesamtes Atmungs- und Nahrungsaufnahmesystem umgestellt werden musste. Sie gaben Guido ein wenig Zeit, mehr nicht, Zeit, die er verstreichen lassen wollte, bis sie verstrichen war. Als sollte der Schluck aus der Römerquelle-Flasche die letzte aktive Handlung seines Lebens bleiben.

Manchmal erledigte ich Amtswege für Guido. Mit großer Erleichterung schloss ich seine Wohnungstür hinter mir, es tat gut, der toten Welt für eine Weile zu entkommen. Zurückzukehren, wenn die Aufträge erledigt waren, machte mich krank. Manchmal spazierte ich sinnlose Runden um den Block, bevor ich mich dazu durchringen konnte, seine Haustür aufzusperren.

– Alles erledigt, sagte ich mit erzwungen positivem Unterton.

Die Finanzierung seines Restlebens musste geklärt werden. Guido würde arbeitsunfähig bleiben und hatte niemanden, der für ihn aufkommen konnte. Der Fall hatte noch einige Schiedsstellen zu durchlaufen, bis sich herausstellen würde, welche Art der Behandlung Guido überhaupt zuteilwerden würde. Ihn schien das alles nicht zu kümmern. Er verweigerte sich und lebte, wie er es früher schon getan hatte, ohne an die Zukunft zu denken. Nur dass das, was er jetzt führte, nicht mehr wirklich ein Leben genannt werden konnte. Ich ertappte mich bei dem Gedanken, dass bei seiner nächsten Operation etwas schiefgehen und er aus der Narkose nicht mehr erwachen könnte. Guido gewährte mir keine Einsicht, ob er Ähnliches hoffte. Alles, außer den Leichtathletikbewerben, den Radtouren oder Golfpartien, die im Fernsehen gezeigt wurden, war ihm egal.

– Wow, sagte ich. Der ist aber weit geflogen.

Ich kannte mich mit Golf nicht aus, aber sogar ich sah, dass der Schuss des Schotten über sein Ziel hinausgeschossen war. Leider wurde auf den freien Sendern, die Guido empfangen konnte, kaum Fußball und nie Karate gezeigt.

Manchmal brachte ich Sportmagazine mit, Champions

League, Wrestling, sogar Angeln versuchte ich, aber Guido zeigte wenig Interesse. Stattdessen verfolgte er Cricket-Partien, die in Commonwealth-Ländern beliebt waren und sich ohne nennenswerte Höhepunkte über Tage hinzogen. Vielleicht entsprachen sie dem neuen Zeitgefühl, in das er geglitten war. Das Verständnis, das ich für einen Wicket-Keeper, einen Batsman oder Bowler, der den Cricketball auf hundert Stundenkilometer beschleunigen konnte, aufbrachte, mutete zynisch an. Wir bewerteten Cricket-Taktiken und Statistiken, die zeigten, wie oft ein Striker den Ball verfehlt hatte. Meine Kommentare und die nichtssagenden Fragen, die ich stellte, widerten mich an. Die Oberflächlichkeit, in die wir gerutscht waren, weil wir die Wirklichkeit nicht ertrugen, schien unbezwingbar wie Guidos Verstümmelung. Bald redete ich mit ihm wie mit einem Geisteskranken und hasste mich dafür. Ob er gegessen, geschlafen habe, fragte ich in einem Ton, in dem man zu Kleinkindern spricht. Ob dieser oder jener Spieler diese und jene Linie überschreiten dürfe, fragte ich. Mit jedem dieser Sätze entriss ich Guido ein zusätzliches Stück Menschenwürde. Immer weiter degradierte ich ihn. Mit einem Schluck Industrielauge war sein Leben jeglichen Inhalts beraubt worden. Nun half ich mit, die Reste seiner Existenz noch weiter auszuhöhlen.

Hin und wieder kam einer seiner vier Brüder auf Besuch. Guidos Geschwister vertuschten kaum, dass sie die Krankenbesuche als lästige Pflicht empfanden. Alibihandlungen, denn enge Familienbande hatte es bei den Senoners nie gegeben. Der Vater war vor Jahren gestorben, auch die Mutter war alt und krank und vom Verlust ihrer geistigen Fähigkeiten gezeichnet. Sobald sie auftauchte, wurde Guidos Wohnung ihr Krankenzimmer, und man hatte sich mehr um sie als um das Unfallopfer zu kümmern. Sie verwechselte die Namen ihrer Söhne, zu denen sie manchmal auch mich zählte. Oft war ihr, vermute ich, nicht bewusst, wo sie sich gerade befand. Bald saß sie jedenfalls wie alle vor dem Fernsehapparat und schaute durch die flackernden Bilder hindurch. Teilnahmslos starrten alle in eine jenseitige Welt.

Guidos Freundinnen, mit denen er vor seinem Unfall zusammen gewesen war, ließen sich nicht blicken. Nur ein Arbeitskollege, den ich nie zuvor gesehen hatte, kam hin und wieder vorbei, ein Jugoslawe mit angegrautem Bart und kleinen stechenden Augen. Er lebte in Dornbirn und hatte nichts mit der Merano-Bande unserer Siedlung zu tun. Soweit ich mitbekam, hatte er auf Guidos Baustelle gearbeitet und den Unfall miterlebt. Näheres in Erfahrung zu bringen war schwierig, weil sein Deutsch kaum zu verstehen war. Wie umständlich und unverständlich und betont freundlich er sprach, kam mir fast komisch vor. Wieso kam er wieder und wieder? Was wollte er von Guido? Mit einem lächelnden *Nix verstehen Deutsch* ließ er meine Fragen abprallen. Als wären sie ihm lästig. Mein Verdacht, dass er mitschuldig an Guidos Schicksal war, wuchs mit jeder ausstehenden Antwort. Hatte er die Lauge in die Mineralwasserflasche gefüllt? Konnte man ihn dafür belangen? Doch selbst wenn sich das nachträglich beweisen ließe, was würde es an Guidos Situation noch ändern? Der Mann mochte – vielleicht bildete ich es mir auch ein – ein schlechtes Gewissen haben, aber Geld oder eine taugliche Versicherung hatte er bestimmt nicht. Das Beste war, er würde so schnell wie möglich verschwinden. Für Guido gab es keine Zukunft mehr, und an die Vergangenheit erinnert zu werden war schmerzlich. Der Kollege riss durch seine Besuche nur immer wieder alte Wunden auf, ich musste Guido vor ihm schützen.

Als er eines Tages erneut vor der Tür stand, gab ich ihm unmissverständlich zu verstehen, dass sein Kommen unerwünscht war. Ich ließ ihn nicht rein. Guido will dich nicht mehr sehen, sagte ich. Verstehst du? Du nicht mehr kommen! Er antwortete nicht und versuchte, durch den Türspalt hindurch einen Blick auf Guido zu erhaschen, der wie immer auf dem Sofa saß. Tschüss, sagte ich, mit meiner Geduld am Ende, kurz, abgehackt, in aller Deutlichkeit. Ich scheuchte den verblüfften Mann fort, gestattete ihm keine Antwort mehr, falls er doch eine geben hätte wollen. Ich konnte mich gerade noch beherrschen und knallte ihm die Tür nicht mit voller Wucht vor der Nase zu. Ich schaffte es, den Kollegen auszusperren, ich selbst aber blieb eingesperrt mit dem, was von Guido geblieben war. Ich drückte meine Stirn so fest an die Innenseite der Wohnungstür, dass der Druck mir Schmerzen bereitete. Tief atmete ich in diese Schmerzen hinein, versuchte alles wegzuatmen, was geschehen war. Ich sog die abgestandene Luft durch die Nase tief in meinen Körper ein und stieß sie durch den Mund aus, bis mir schwindlig wurde. Meine Brust drohte zu platzen, ich wollte, dass sie platzte, wollte, dass endlich etwas aufplatzte und änderte, was unabänderlich schien.

Mokusō lautet der Karatebefehl zur kurzen Atem-Meditation, um sich innerlich zu sammeln. *Mokusō*. Ich sprach es an die Tür gelehnt laut mir selber vor und schloss die Augen. Ich versuchte, wie Sensei Kaneyama es gelehrt hatte, die aufgestauten Aggressionen nicht in eine Kampftechnik zu bündeln, sondern sie wie ein Blitzableiter in den Boden zu lenken. Ich hörte, wie Guidos Kollege vor der Tür wartete und nach einer Weile die Treppen hinunterschlich. Hörte die Haustür hinter ihm ins Schloss fallen. Er würde nicht wiederkommen. Das wenigstens wusste ich. Das wenigstens war geschafft.

Ich blickte über meine Schulter zu Guido ins Wohnzimmer. Er hatte nicht auf die Situation reagiert. Als ginge es ihn nichts an. Wie der alte Herr Gufler saß er unverändert vor dem Fernseher. Vielleicht war er bereits gestorben und im Begriff zu mumifizieren? Vielleicht sollte ich ihm einen Kopfhörer aufsetzen, die Wohnung verlassen und in einem Jahr wiederkommen?

Es dauerte ein paar Minuten, bis ich mich gefasst hatte. Dann ging ich zurück ins Wohnzimmer und setzte mich zu Guido. Ich schaltete den Fernseher aus. Plötzlich, zum ersten Mal, seit sich Guidos Wohnzimmer zum Wartezimmer auf den Tod verwandelt hatte, wurde es still in diesem Raum. Eine brutale Stille und Dunkelheit breiteten sich augenblicklich aus, jetzt, da Lärm und Licht des Fernsehers aufhörten, alles zuzudecken.

Guido reglos neben mir. Ein Vakuum zwischen uns. Guido dreht sich zu mir und schaut mir in die Augen. Es ist, als würde er dies zum allerersten Mal tun. Endlich hast du verstanden, sagt der Blick, der mich durchdringt.

– Wir müssen reden, sage ich.

Guidos Augen bleiben an mir haften, bohren in mich hinein. Ich weiche nicht aus, im Gegenteil, ich halte mich an ihnen fest, endlich habe ich etwas gefunden, an dem ich mich festhalten kann.

– So kann es nicht weitergehen, sage ich. Wir müssen etwas unternehmen.

Guido blinzelt nicht. Wer blinzelt, hat Angst vor dem Tod, habe ich einmal gelesen. Auch ich blinzle nicht.

– Wir müssen etwas tun.

Um uns das schwarze Loch. Guido nimmt meine Worte auf. Endlich nimmt er etwas wahr, endlich habe ich ihn ergriffen, endlich ihn begriffen. Ich halte an seinem Blick fest. Ich werde nicht mehr loslassen, jetzt, da er die Augen geöffnet hat. Ich spüre, wie lang Guido auf diesen Moment gewartet hat. Seine Augen stimmen zu. Sein Kopf ein unmerkliches, ein körperloses Nicken. Er wendet den Blick von mir ab. Lässt ihn nicht auf den erloschenen Bildschirm gleiten, sondern fixiert die Rückenlehne des Sofas, auf dem wir sitzen. Wie in Zeitlupe hebt er seinen Arm und drückt die Sprechkanüle.

– *Os*, sagt er.

Es klingt in keiner Weise so, wie ich es aus dem Karateunterricht kenne, wie wir es mit voller Kraft geschrien haben, wann immer es von uns erwartet wurde. *Os!* Doch so schwach Guidos Stimme ist, es liegt eine weit größere Überzeugung in diesem Wort, als ich je zuvor darin vernommen habe. *Os.* Mehr muss Guido nicht sagen. Jetzt weiß ich, dass er bereit ist auszubrechen. Fast hätte ich mich bedankt.

HITOTSU

Meine Casio-Armbanduhr piepst zu jeder vollen Stunde. Vor drei Jahrzehnten habe ich sie in einem Eduscho-Laden für achtzig Schilling gekauft. Das Stundensignal war voreingestellt, ich habe es nie geändert. Dieses kleine, scheinbar wasserresistente Plastikding war keine Uhr sondern ein *Alarm-Chronograph*. Ich fand es lästig, eine Uhr am Handgelenk zu tragen, deshalb steckte ich ihn in meine Hosentasche. Wäre es eine teure Schweizer Uhr mit Lederband gewesen, hätte ich sie ebenso eingesteckt. Seit dreißig Jahren ist der Chronograph in meinen Hosentaschen, nie lässt er mich im Stich. Auch jetzt signalisiert er durch die Hose, wie viel Zeit vergangen und, dass eine weitere volle Stunde erreicht ist. 17:00. Mein Chronograph geht immer ein paar Minuten vor, jedes Jahr enteilt er der amtlichen Uhrzeit ein, zwei Minuten. Erst wenn sein Vorsprung zu unübersichtlich wird, justiere ich nach. Seit Elenas Tod habe ich das nicht getan. Bald wird es siebzehn Uhr sein. Es reicht mir, das ungefähr zu wissen.

Elena und ich konnten keine Kinder bekommen. Ich weiß nicht, woran es lag, womöglich an mir, aber es störte mich nicht sonderlich, denn ich hatte nie die Absicht, Vater zu werden. Ich kannte Väter nicht, und was ich von ihnen kannte, mochte ich nicht. Das Leben schien ohne sie besser zu funktionieren als mit ihnen. Ich wollte nicht wie jene Väter werden, die ich gesehen hatte, und um ein Gegenmodell darzustellen, fehlte es mir an Zeit, Mut und Geld. Manchmal spielte ich Lotto. So klein die Gewinnchance auch war, wann immer ich den ausgefüllten Tippschein abgab, rechnete ich damit, den Sechser zu erraten und Lottomillionär zu werden. Irgendwer musste ja Glück haben! Ich stellte mir vor, wie Elena und ich ein großes Haus am Berg bewohnen würden, mit doppelt so vielen Zimmern, wie wir benötigten. Beide hätten wir luxuriöse Schreibzimmer mit Ausblick über den See und das Rheintal. Dann hätten wir auch Kinder, mehrere, adoptierte, eigene, und ein italienisches Kindermädchen dazu, das ausschließlich Italienisch sprach und kochte, mittags schon so viel, als wäre es Abend. Doch solange ich mir das nicht leisten konnte, solange ich neuem Leben die Mühsal meines eigenen Lebens nicht ersparen konnte, wollte ich keine Kinder haben.

Elena aber wurde ab einem gewissen Zeitpunkt von einer Unrast heimgesucht. Sie machte mir keine Vorwürfe, aber ich spürte, wie die Sehnsucht, Mutter zu werden, in ihr wuchs. Seit sie dreißig geworden war, blickte sie Babys und Kleinkindern auf der Straße immer auffälliger hinterher. Auch nahm sie das Verhüten weniger ernst. Immer fahrlässiger ging Elena mit Kondomen um. Sie begründete das mit ihrem Zyklus, und bald weiteten sich die scheinbar unfruchtbaren Phasen aus. Allmählich gewöhnten wir uns daran, nicht mehr zu verhüten. Wir liebten uns im Schlafzimmer, in der Küche, im Bad, in öffentlichen Toiletten, im Wald, einmal sogar in einem Maisfeld, aber Elena wurde nicht schwanger. Mitten im Feld brachen wir ein paar hohe Maispflanzen ab und errichteten aus ihnen eine Art Bett. Stunden verbrachten wir dort, versteckt vor der Außenwelt. Abwechselnd betrachteten wir den blauen Himmel, den wir über uns geöffnet hatten, den Mais, der um uns herum, eingewickelt in dicke Lagen von Blättern, reif geworden war, und uns gegenseitig. Wir liebten uns, bis es zu kühl wurde und wir den Mais verlassen mussten. Noch hielt die Liebe, aber Elenas Blick auf das negative Ergebnis der Schwangerschaftstests, die sie hin und wieder durchführte, entging mir nicht. Manchmal meinte sie zu fühlen, dass sich etwas in ihr verändert hatte, manchmal meinte ich, ihre Brüste wären angeschwollen oder ihr Appetit hätte sich gewandelt. Doch immer täuschten wir uns. Ich versuchte, Elena vom Kinderwunsch abzulenken, und wies auf die Vorteile eines kinderlosen Lebens hin. Irgendwann würde Elena nachzuforschen beginnen, warum sie kein Baby empfing, und wer weiß was unternehmen. Doch ich schob dieses Irgendwann von mir weg. Solange es sich fortschieben ließ, wollte ich es fortschieben. Es gab Dinge, das war meine feste Überzeugung, die regelten sich von selbst. Und letztendlich behielt ich damit recht. Elenas Kinderwunsch regelte sich von selbst.

HITOTSU

Guido neben mir auf dem Sofa im Halbdunkel des Zimmers. Ein Schattenmensch in seiner Schattenwelt. Wüsste ich nicht, dass er der Senoner Guido ist, ich würde ihn nicht erkennen. Nur aus dem offen stehenden Bad dringt ein matter Lichtstrahl, der uns ein wenig beleuchtet. Guido lässt das Licht im Bad immer an, vielleicht weil er meint, das sei besser für die alte Neonröhre, oder weil er es mag, wie durch diesen immerwährenden Lichtschein der Unterschied zwischen Tag und Nacht in seiner Höhle ausgeglichen wird. Ich habe nie ein Licht in seiner Wohnung an- oder ausgemacht.

Das Dämmerlicht aus dem Bad reicht. Guidos katatonisches Leben sollte nicht stärker ausgeleuchtet werden.

Wir reden nicht. Er hat *Os* gesagt. Das genügt.

Da Guidos Fernseher abgedreht ist, vernehme ich gedämpfte Fernsehgeräusche aus der Nachbarwohnung. Dumpfe Schritte von der Wohnung über, dumpfe Stimmen aus der unter uns höre ich. Guido röchelt unregelmäßig und lässt Speichel in den Auffangbehälter abfließen.

Ich beginne zu sprechen: Auch wenn wir uns in letzter Zeit nicht oft gesehen haben, weißt du, dass ich immer da bin, wenn du mich brauchst.

Ich verfolge keinen bestimmten Plan, zumindest nicht wissentlich. Ich will nur endlich offen mit Guido reden. Wir müssen an der untragbaren Situation etwas ändern. Ich muss ihm helfen, eine Veränderung zu akzeptieren.

– Allein kannst du da nicht durch, sage ich. Niemand könnte das.

Guido regt sich nicht, versucht nicht zu sprechen, nimmt den Stift nicht zur Hand. Doch er ignoriert mich nicht. Ich spüre, dass er bei mir ist. Hellwach ist er. Endlich. Das Reden überlässt er mir.

– Gibt es eine reelle Chance, dass sich die Umstände in absehbarer Zeit bessern?, frage ich.

Guido schüttelt den Kopf.

– Die Operation am Kehlkopf, meinst du nicht, sie würde etwas ändern?

Ich meine, alle Optionen noch einmal mit Guido durchgehen zu müssen. Er hingegen scheint bereits abgeschlossen zu haben. Immer ungeduldiger schüttelt er, soweit es die Schläuche in seinem Hals erlauben, den Kopf, als verlange er von mir, endlich zum Punkt zu kommen. Lang genug habe er es ausgesessen, scheint sein stures Schütteln zu sagen. Während ich weiterrede, darüber, dass mir bewusst sei, wie gefährlich und anstrengend die Operation wäre, dass sie das Risiko aber wert sein könne, und sich vielleicht, wer weiß, etwas Neues ergäbe, irgendetwas, von dem wir jetzt noch keine Vorstellung hätten, nimmt Guido den Stift in die Hand und beginnt zu schreiben. Mitten im Satz unterbricht er mich und schiebt mir den Zettel hin. *Ich will sterben*, lese ich und verstumme. Ich muss nicht weiter räsonieren. Guido hat sich längst entschieden, es gibt nichts, was ich ihm noch erzählen müsste. Seit Tagen, seit Wochen vielleicht schon hat er den Entschluss gefasst, hat abgeschlossen und nur darauf gewartet, es zur Sprache zu bringen. Er will nicht für immer ein hoffnungsloser Pflegefall bleiben, nicht jahrelang leiden und warten, bis sinnlos spät erst ihm dieses Leiden genommen wird. Im Leben kann Guido nicht mehr geholfen werden, nur in den Tod hinein kann ich ihm helfen, das drücken die drei Wörter aus, die er geschrieben hat. Ich verstehe es und blicke ihm in die Augen. Guido weiß nicht, dass ich Großvater erstickt habe, er weiß nichts von meiner Übung. Doch er weiß, dass er auf mich zählen kann.

Hilf mir, schreibt Guido. *Es ist einfach.*

Ich sage nichts, nicke nur langsam, weiß, was kommen wird, kommen muss. Guidos Bitte schockiert, verwundert mich nicht. In gewisser Weise bin ich erleichtert, denn endlich kann ich etwas tun, endlich kann ich helfen, auch wenn es Sterbehilfe ist. Eine Art Stolz überkommt mich sogar. Guido weiß, dass ich, niemand sonst es tun kann. So rasch durchfährt mich diese Tötungseuphorie, dass es mir fast unheimlich ist. Ich will nicht, dass das Töten zur Gewohnheit wird, aber ich merke, wie lange ich den Gedanken bereits in mir trage, Guidos Leiden ein Ende zu setzen. Endlich ist es entschieden, denke ich. Endlich gibt er sich dem Tod, mir, hin.

Ich bin kein Monster. Wenn Sie sich ein Urteil über mich bilden, vergessen Sie nicht, dass es nicht gerecht sein kann, weil über andere zu urteilen bloß selbstgerecht ist. Ich will offen und ehrlich sein, mir gegenüber, Ihnen gegenüber. Niemand außer uns hat je davon erfahren, auch Elena nicht, niemand kann es nachweisen. Guido und ich haben sorgfältig alle Spuren beseitigt und unsere schriftliche Kommunikation vernichtet, sorgfältiger, als es notwendig gewesen wäre. Wer hätte schon nach Hinweisen auf eine Tötung gesucht? Allen war es recht, dass Guidos Leben endete und vollendet wurde, was mit dem Schluck L4 begonnen hatte. Guidos Tod ist kein Kriminalfall, wie auch Großvaters Tod keiner ist, und der des alten Herrn Gufler oder Sascha Jovanics nicht. Menschen verschwinden, ohne dass es jemanden kümmert. In Kalkutta, habe ich gehört, werden in Elendsvierteln Verkehrstote oder Bettler, die auf offener Straße verenden, an den Straßenrand gezogen. Die Leichen bleiben im Rinnsal mit dem restlichen Dreck liegen und werden nachts von der Müllabfuhr entsorgt, sofern keine Verwandten das bis dahin übernommen haben. Ein Menschenleben ist in Indien weniger wert als das einer Kuh, und auch bei uns vergehen die unauffälligen Leben von einem Tag auf den anderen, ohne dass das Vergehen hinterfragt wird. Wie mit jeder Stunde, die verstreicht, eine Tierart auf dem vom Menschen geknechteten Planeten ausstirbt, fällt mit jedem Augenzwinkern ein Mensch tot um, irgendwo auf der Welt, oft genug unbemerkt. Menschenleben, die niemanden kümmern, Leben wie das meine, der Großteil von uns führt ein solches, wir kommen und gehen, unerkannt im Lauf der Zeit. Ein kleines Leben führt in einen kleinen Tod, und trotzdem hat es stattgefunden, unleugbar, mein Leben, Guidos Leben, Ihres.

Ich sitze am Straßenrand, lebendig noch, und beobachte Passanten. Ich falle ihnen nicht auf, sie fallen mir nicht auf, normalerweise. Jetzt aber überlege ich, welche Geheimnisse sie durch ihr Leben tragen. Wer hat geliebt, gelogen, getötet, Leben gegeben, genommen, verloren? Wer hat Einfluss genommen? Wer erwartet zu viel, wer zu wenig vom Leben, wer überlebt es nur, und wer gestaltet es, ändert es, und warum? Ich sitze, um nicht aufzufallen, stets an anderen Stellen der Stadt und überlege, welche der an mir vorbeihuschenden Menschen in einem Roman verarbeitet werden könnten. Wer von ihnen könnte in eine große Geschichte der Zufälligkeiten eingebunden werden? Ich will Notizen machen, denn immerzu vergesse ich, was ich sehe und mir ausmale. Eine Geschichte wird von der nächsten verwischt, bevor ich den Protagonisten Namen gegeben habe, sind sie mir schon wieder entschwunden. Besser wäre es, täglich zur selben Uhrzeit an derselben Stelle zu sitzen. Dann würde ich sehen, wer wiederkommt, wer nicht, wer sich mir einprägt durch Repetition. Bald hätte er ein Gesicht, sie ein Gesicht. Auch wenn sie sonst nichts hinterlassen in der Welt, würden sie unwissentlich in meinem Roman etwas hinterlassen. Die schwarz gekleidete Frau etwa, die, von der Farbe abgesehen, dem weißen Riesenpudel völlig gleicht, den sie an der Leine führt. Oder der alte Bucklige mit dem zu großen Hut, den sein Dasein so lange niederdrückt, dass nur der Gehstock ihn vor dem Vornüberfallen bewahrt. Oder der Junge, der durch den Tag hetzt, ohne zu wissen, was mit ihm anzustellen. Ich bilde mir ein, dass er Südtiroler ist, bilde mir ein, die aus Südtirol Stammenden von anderen unterscheiden zu können. Oder ich entscheide mich für die Frau, die blonde, hagere, aus Deutschland kommt sie vielleicht. Sie ist fremd hier, auch wenn sie nicht aufzufallen meint. Sie versteht die Einheimischen schlecht, aber genau dieses Nichtverstehen sucht sie in kleinen Dosen, Exotik in kleinen selbst gewählten Dosierungen, die ihr wie Urlaub von ihr selbst und der Masse ihresgleichen vorkommen. Die Einheimischen gehen ihr aus dem Weg und kommen ihr doch freundlich vor, weil sie will, dass sie freundlich sind, weil sie grundsätzlich sieht, was sie sehen will. Alle taugen als Romanfiguren, der Zufall meiner Hirngespinste könnte sie zusammenführen, die Frau den Jungen oder den Alten kennenlernen oder nicht, ihn hassen oder begehren, Geheimnisse vor ihm bewahren oder mit ihm teilen, auf den geeigneten Zeitpunkt warten, zu lange warten vielleicht, bis alles zu spät ist, oder zu ungeduldig sein und alles vernichten. In meiner literarischen Vorstellung sind Menschen Figuren und könnten das alles und mehr, denn niemand, wenn nicht ich, hindert sie daran. Sie alle könnten sich wie Puzzleteile zusammenfügen im Roman. Doch noch habe ich nicht mit dem Schreiben begonnen.

Du musst die Beatmungsröhre und meinen Mund zuhalten, schreibt Guido. Einen Todkranken in den Tod zu schieben ist keine Zauberei, das weiß ich selbst. *Klemm auch die Sprechkanüle ab*, steht auf dem nächsten Zettel, den Guido mir reicht. Er ist jetzt wild entschlossen. Als könne es nicht schnell genug gehen, beschriftet er hastig einen Zettel nach dem anderen. *Lang genug durchhalten!*, lese ich. Schon gibt er mir einen weiteren. *Unbedingt!!*, steht darauf, als hätte das vorige Ausrufezeichen nicht gereicht. Es ist offensichtlich, dass Guido kein Zurück mehr kennt, kein Umkehren, kein Überdenken, kein Anhalten. Die hektische Agitation, die ihn nach all den Wochen des scheintoten Stillstands überfällt, taucht die Situation, in der wir uns befinden, in etwas Unwirkliches. Ein Rausch, etwas Berauschendes. Fast drängt es uns in einen Wahnzustand und wandelt unser Handeln in eine Raserei. Beinahe lache ich, will doppelt lachen, für Guido mit, der nicht mehr lachen kann. Doch ich beherrsche mich, konzentriere mich, Guido hat meine volle Aufmerksamkeit verdient.

Du musst mich festhalten, steht auf einem Zettel, den er mir in die Hand drückt. *Was auch geschieht!*, auf einem weiteren. Ich weiß, wie stark und stur der Todeskampf werden kann, auch wenn er noch so aussichtslos ist. Selbst wenn der Wille zu sterben vorhanden ist, wird sich der Körper wehren. Ich werde wie bei Großvater Gewalt anwenden müssen, so geschwächt Guido auch ist. Ich werde ihn zum Aufgeben zwingen müssen. *Bitte besieg mich!*, schreibt Guido auf einen Zettel, als könnte er meine Gedanken lesen. Als eine Art sportlichen Wettkampf sieht er es. Er tritt gegen seinen Mörder an, und doch muss von vornherein feststehen, wer gewinnt. Ähnlich den Gladiatoren im Circus Maximus, die zwar möglichst lange durchhalten mussten, aber niemals siegen durften.

Mir kommen Bedenken, ob Guido verrückt geworden ist. Hat ihn die Verstümmelung in einen Wahn getrieben, mit dem er mich nun ansteckt? Ist das Töten ein sinnwidriges Spiel wie einst unsere Mutproben? Guido steht unter heftigem Einfluss von Medikamenten, er hat Angst, Schmerzen, Depressionen. Wie zurechnungsfähig kann er in diesem Zustand überhaupt sein?

Gedankenfetzen jagen an mir vorbei, aber ich will sie nicht festhalten, will mich jetzt nicht aufhalten lassen. Guido zweifelt keine Sekunde an seiner Entscheidung. Er hat keine Angst. Höchstens, dass ich kneifen könnte, befürchtet er. *Worauf wartest du noch?*, steht auf dem Zettel, den er mir gibt. Sei kein Feigling, lese ich zwischen den Wörtern. Guido wirkt nicht geistig umnebelt. Im Gegenteil, so klar, so energetisch habe ich ihn seit dem Unfall nicht erlebt. *Töte mich!*, gibt er mir zu lesen. Deutlicher kann man sich nicht ausdrücken.

Ich schaue ihm in die Augen und erkenne die gespenstische Vorfreude in seinem Blick. Er drückt auf seine Sprechkanüle, besorgt wegen meines Wankelmuts, und spricht ein einziges Wort: *Bitte*. Ich spüre, dass es das letzte bleiben könnte, das Guido je zu mir sagt. Ich kenne ihn fast mein ganzes Leben schon. Wir waren die A-Südtirolers. Immer zog er auf schnellstem Weg durch, was er sich in den Kopf gesetzt hatte. Ich, jetzt der körperlich Stärkere von uns beiden, darf mich ihm nicht in den Weg stellen. Er würde ohnehin sterben, nur länger dauern würde es, schleppend vor sich gehen, unaufhaltsam in einer quälenden Auslaufkurve. Wie könnte ich tatenlos dabei zusehen und ihn im Stich lassen, meinen besten Freund in dem Loch krepieren lassen, aus dem ihn niemand mehr herausholen kann?

Guido wird ungeduldig, fast aggressiv, weil ich noch überlege. Es gibt nichts zu überdenken, gibt er mir zu verstehen. *Südtiroler-Style* haben wir als Kinder diese uns eigene, rücksichtslose Entscheidungskraft genannt. Eine Planänderung galt uns als feig, ein Rückschritt als schwach und falsch. *Action speaks louder than words* stand auf einem äußeren Häuserblock der Südtirolersiedlung. Ich weiß nicht, wer das Graffiti gesprüht hatte, lange verstand ich auch nicht wirklich, was die Worte bedeuteten, aber es erschien mir richtig und logisch. Alles im Leben sollte sofort umgesetzt werden. Auch das Sterben, es duldet schließlich keinen Kompromiss. Ich verstehe Guidos Hast. Was soll sein Leiden in die Länge gezogen werden? Er hat sich entschieden, er will nicht mehr. Von mir verlangt er, dass ich ihm eine verlorene Zukunft erspare. Wie könnte ich sein Verlangen ignorieren?

– Okay, sage ich und fixiere Guido mit meinem Blick. Tun wir es. Bringen wir es hinter uns, das alles.

Wohl überlege ich, ob es noch etwas zu besprechen gibt zwischen uns, von der Tötungstechnik abgesehen. Doch es ist zu spät, um noch an anderes zu denken. Ich bin klar im Kopf, aber klar nur für diese eine Sache, fokussiert auf nichts als auf Guidos raschen Tod. Er sitzt neben mir auf dem Sofa, wartet, bis ich so weit bin, hat sich innerlich bereits von der Welt und mir verabschiedet. Stumm schüttelt er den Kopf, als ich frage, ob er noch etwas zu erledigen habe. Absurd meine Frage, ob er einen Abschiedsbrief verfassen will. Sinnlos alles, was ich weiter reden würde.

– Dann machen wir es Südtiroler-Style, sage ich.

Er nickt. Südtiroler-Style, nickt er.

Ich bringe mich in Stellung. Guido kauert unter mir, ganz ins Eck seines Sofas gedrückt. So kann er mir weder nach hinten noch zu den Seiten hin entkommen.

Dann fällt mir doch noch etwas ein.

– Versprich mir, dass du die Augen schließt, sage ich. Schließ sie und mach sie nie wieder auf. Schau mich nicht an. Schau mir nicht dabei zu. Konzentrier dich darauf, die Augen geschlossen zu halten. Sonst breche ich ab und lass es dich alleine tun.

Guido versteht meine Dringlichkeit, versteht, dass er gehorchen muss. Ein letztes Mal drückt er seine Sprechkanüle und sagt: *Os.*

Es ist sein allerletztes Wort. Später kommen nur noch unterdrückte Laute dazu, ein Gurgeln, ein Keuchen, ein Schreien vielleicht, wenn es sich nicht vermeiden lässt.

Auch ich antworte Guido auf Japanisch. *Mokusō*, sage ich. Der Karate-Befehl zur Meditationsphase. Schließ die Augen. Konzentriere dich auf deinen Atem. Konzentriere dich auf deinen letzten Atemzug, Guido, denke ich.

Dann gibt er sich mir völlig hin.

Ich knie über Guido. Ganz weich ist er jetzt. Er hört auf zu atmen, bevor ich mit meinen Händen die Röhren und sämtliche Öffnungen an seinem Kopf und Hals zudrücke und mit meinen Knien seine Arme, mit meinen Füßen seine Beine so fest ich kann ins Sofa presse. Er hat alle Luft aus seinem Körper entweichen lassen. Jahrelang hat uns Sensei Kaneyama gelehrt, jeden Atemzug bewusst durchzuführen. Mit jeder ordentlichen Kampftechnik muss die Luft dem Brustkorb entweichen, begleitet vom Kiai, dem Kampfschrei. Vielleicht denkt Guido nun daran. Einen letzten stummen Kiai hat er von sich gegeben. Erneutes Einatmen würde eine neue Technik einleiten, das ist jetzt nicht mehr notwendig, nicht erlaubt. Guido weiß, dass er jetzt nichts mehr zu tun hat, rein gar nichts mehr tun darf, solange er noch lebt. Nur sich mir ergeben. Er hat die Augen geschlossen und lässt sich in den Stillstand fallen.

Ich drücke zu, so fest ich kann. Guido hilft mit, seinen ganzen Willen wendet er auf, um sich den Atmungsreflexen zu widersetzen. Ich spüre, wie er mitarbeitet. Trotzdem verhärtet sich sein Körper, verkrampft sich, beginnt zu zucken und nach allen Seiten auszuschlagen. Ich bin stärker als er, der er von innen und außen her bekämpft wird, aber er gibt sich nicht widerstandslos geschlagen. Er verkrümmt, windet sich, versucht alles, um mir, seinem Richter, zu entkommen, verlangt nach Luft. Ich aber gewähre sie ihm nicht. Er will mich abschütteln, aber was er mir entgegensetzen kann, ist nicht genug. Ich kann mir vorstellen, wie viel Disziplin es Guido abverlangt, die Augen geschlossen zu halten. Ich würde es spüren, wenn er, dem kein weiteres Mittel zur Kommunikation bleibt, mich plötzlich anstarren würde. Es würde mich aus der Fassung bringen. Ich würde versuchen, den Blick zu deuten, würde verstehen wollen, was Guido mir sagen will, und aus der Konzentration fallen. Als Karateka weiß Guido, dass dies mein Schwachpunkt wäre. Hier könnte er einhaken, sollte sich sein Überlebenstrieb durchsetzen. Die

Augen zu öffnen und mich zu verwirren, das wäre die einzige Chance, mir zu entkommen. Doch Guido tut es nicht. Lautlos sinkt er unter meiner Gewalt in sich zusammen, entsetzlich still, sachlich, fast unspektakulär der Vorgang. Alles in allem dauert es nur wenige Minuten, dann ist es überstanden. Es war leichter, Guido zu töten als Großvater, obwohl sie beide todkrank waren und Guido der Jüngere. Wohl weil er mithalf, war es leichter. Vielleicht aber auch, weil es mein zweites Mal war.

Ich steige von dem toten Körper ab und bleibe im fahlen Lichtschein, der aus dem Badezimmer fällt, neben Guido auf dem Sofa sitzen. Ich bin erschöpft, leer, von Sekunde zu Sekunde fühle ich mich ausgehöhlter. Kann mich kaum bewegen, kaum denken, alles scheint plötzlich unmöglich, das Getane und das, was noch zu tun ist. Ich bleibe entkräftet sitzen, sinke tiefer als Guido neben mir ins Sofa ein, und während ich nicht daran denken kann, jemals noch etwas anderes zu tun, als neben meinem toten Freund zu sitzen, übernimmt etwas Neues, etwas rein Pragmatisches. Es weiß an meiner Stelle, was zu tun ist, erlaubt mir keine Verschnaufpause, keine Schockstarre. Es zieht mich hoch und lässt mich marionettengleich die Dinge erledigen, die zu erledigen sind. Ich gehorche willenlos und kann mich dabei beobachten. Ich sehe mich agieren, sehe, wie ich sämtliche Spuren entferne. Ich schiebe den toten Guido in eine glaubwürdige Sitzposition zurück. Alle Zettel, die Guido beschrieben hat, falte ich sorgfältig zusammen und stecke sie ein. Ohne Hast. Mir fällt auf, dass ich keine Handschuhe getragen habe. Kurz ärgere ich mich, aber ich lasse den Ärger nicht zu. Noch ist es nicht zu spät, die Fingerabdrücke zu verwischen. Ich hole ein Geschirrtuch aus der Küche und reinige alles, was ich angegriffen habe. Guidos Kanüle, seine Nase, seinen Mund putze ich ab, nicht liebevoll, aber auch ohne Ekel, maschinell eher, professionell. Ich habe keine Gefühle. Alles ist weit von mir entfernt, berührt mich nicht, hat nichts mit mir zu tun. Mit dem Küchentuch um meine Hand schalte ich den Fernseher wieder an. Ich drehe die Lautstärke herunter, denn ich will vermeiden, dass sich jemand daran stört, wenn der tote Guido wie der alte Gufler tagelang, wochenlang, vielleicht länger fernsieht, bis man ihn erlöst. Das Fernsehen ist Guidos letzte Pflicht. Ein Fußballmatch der max.Bundesliga wird gezeigt. SC Schwarz-Weiß Bregenz führt 1:0. Einen Angriff der gegnerischen Mannschaft verfolge ich. Er führt zu nichts. Ich denke, das würde Guido freuen. Ich streiche mit dem Geschirrtuch das Sofa neben dem Toten glatt. Den Wohnungsschlüssel, den Guido mir anvertraut hat, stecke ich ihm in die Hosentasche. Ein letztes Mal blicke ich mich in der Wohnung um. Ich versichere mich mehrfach, dass nirgends, auch im Bad, im Klo und in der Küche, kein Hinweis auf mich zurückbleibt. Dann stehe ich an der Wohnungstür, wie ich dort stand, als ich Guidos Kollegen abgewiesen habe. Er wird lange nichts erfahren und lange nicht fragen, nie nachfragen, denke ich, froh sein, dass es vorbei ist. Ich lausche an der Tür, bevor ich sie mit dem Tuch um die Hand öffne, vorsichtig schließe, vorsichtig das Treppenhaus hinabsteige. Das Küchentuch stecke ich ein. Ich brauche es nicht mehr. Niemand kreuzt meinen Weg. Einen schönen Tod hat er letztendlich gehabt, der Senoner Guido, werden die, die ihn finden, denken, er lümmelt auf dem Sofa und schläft für immer ein, es sei ihm gegönnt nach all dem Unglück. Ein Todesfall ist er jetzt, kein Pflegefall mehr.

Auf der Straße falle ich niemandem auf, ich, der Todesengel, der ich aus der Vorstadtsiedlung zurück in die Stadt gehe. Ich wandere ziellos in die Dämmerung hinein, in drei mir unbekannten Wirtshäusern mache ich halt, um drei Biergläser zu leeren. Mit dem Bier kehrt eine Spur meines Bewusstseins zurück. Mit jedem Glas schaffe ich Platz in mir für mich. Ich schlüpfe zurück in mich hinein, es wird jedoch noch lange dauern, bis ich ganz zurückkomme, länger als beim letzten Mal. Ob mich das überrascht, überlege ich. Ich überlege nicht, ob mir Fehler unterlaufen sind oder ich ein Detail übersehen haben könnte. Das war die Aufgabe des anderen. Er hat aufgeräumt. Ich weiß, dass ich mich auf ihn verlassen konnte. Nun, da er mich verlässt, bin ich wieder auf mich allein gestellt.

Am späten Abend verbrenne ich am Kiesstrand des Harder Ufers das Geschirrtuch und Guidos Zettel. Ich beobachte, wie die Flammen Guidos Sätze auffressen. Das Geschirrtuch erzeugt schwarzen, stinkenden Rauch. Ich sammle mehr Treibholz, damit das Feuer größer wird. Niemand ist um diese Zeit am Strand. Das Lagerfeuer knistert und zischt und gibt mir Zeit, ihm beim Herunterbrennen zuzusehen. Windstill ist es, der See vor mir spiegelt die Nacht, vielleicht ist es kalt, ich fühle es nicht, kerzengerade steigt der Rauch hoch. Ich verabschiede mich von Guido, denn in der Wohnung habe ich es nicht getan. Jetzt kann ich es. Weinen jedoch kann ich nicht. Ich denke darüber nach, aber ich müsste Schauspieler sein, um jetzt abschiedsweinen zu können. Die

Reste der zurückbleibenden Asche lösche ich mit Seewasser. Sie fauchen mich an. Kleine Wolken Wasserdampf lösen sich sekundenschnell in der Luft auf.

Spätnachts erst kehre ich heim in die Heldendankstraße. Elena schläft bereits. Ich dusche lang, heiß, kalt, heiß, ich wasche mich wieder und wieder, bevor ich mich leise zu Elena ins Bett lege. Sie wacht nicht auf. Gleichmäßig atmet sie ein und aus, ein und aus, dreht sich auf den Rücken, dreht sich wieder zur Seite. Ich höre ihr dabei zu, stundenlang. Ich zwinge mich, die Augen geschlossen zu halten. Ich widerstehe dem reflexartigen Drang, die Lider hochzuklappen. Es gibt nichts zu sehen außer der in die Finsternis getauchten, schräg abfallenden Zimmerdecke über mir. Guido hat Wort gehalten. Ich habe Wort gehalten. Es ist nichts weiter zu tun.

HITOTSU

Nachdem dieses Rom-Stipendium, das unser erster gemeinsamer Urlaub war, für Elena und mich so gut verlaufen war, hatten wir entschieden, öfter zu verreisen. Wann immer wir Zeit fanden und es uns leisten konnten, fuhren wir los, ziellos in Richtung Süden, und hielten an, wo wir Lust hatten. Es war Elenas Auto, und es waren ihre Entscheidungen, denen ich mich gerne fügte, denn grundsätzlich sehnte ich mich schlicht nach neuen Umgebungen und danach, Elena um mich zu haben. Unsere Reisen führten nach Südfrankreich, nach Korsika, auf die Iberische Halbinsel oder nach Italien, wir reisten in der Nebensaison, antizyklisch zu den Touristenströmen, auch weil der Getränkelieferant und die

Baustellen, für die ich arbeitete, im Sommer mehr Arbeit anboten als im Winter und Elena mit ihren Auftragsarbeiten ohnehin ortsungebunden war. Gab es eine Internetverbindung, konnte sie von jeder der billigen Pensionen oder Ferienwohnungen aus arbeiten, in denen wir uns einmieteten. Hatte Elena zu tun, versuchte auch ich mich an meinen Romanprojekten, oder ich unternahm einsame Bergwanderungen, machte Besorgungen und kochte für uns. Hatte Elena frei, ließen wir die Tage ohne Planung auf uns zukommen. Oft übernachteten wir auch in freier Wildnis, auf einem unbenutzten Campinggelände oder an abgelegenen Seitenstraßen in Elenas altem VW Passat, in dem wir mit umgelegter Rückbank bequem schlafen konnten. Wir waren so frei, wie ein Mensch sein konnte. Ich stellte mir vor, wie diese Tage endlos weitergehen würden. Nichts anderes hätte ich gewollt.

Selten suchten Elena und ich Kontakt zu anderen, hin und wieder ließ er sich nicht vermeiden, für gewöhnlich aber genügten wir uns selbst, auch wenn wir nicht unbedingt agil oder gesprächig waren. Oft sprachen wir stundenlang kein Wort, nicht weil wir gelangweilt voneinander, verunsichert oder beleidigt gewesen wären, sondern weil es keinen Zwang zu sprechen gab. Elena konnte lange Zeit beharrlich schweigen, ohne dass ich es als unangenehm empfunden hätte. Ich kannte das. Gab es einen Grund zu reden, redete sie, gab es keinen, dann nicht. Sinnlos war es, sie zu zwingen. Im Lauf der Jahre häuften sich ihre wortkargen Phasen, und Elena wurde immer menschenscheuer. Immer schon hatte sie nur einen kleinen Bekanntenkreis um sich herum zugelassen, und je älter sie wurde, desto kleiner wurde dieser. Mit ihrer

Verwandtschaft gab sie sich kaum ab, was mir gelegen kam, und auch mit Nachbarn pflegte sie keinen Kontakt. In dem Mietshaus in der Heldendankstraße standen ohnehin viele Wohnungen leer oder wurden von Alten bewohnt, die sich vor der Umwelt verbarrikadierten. Andere wechselten ständig ihre Mieter oder wurden wie eine Parallelwelt von großen ausländischen Familien benutzt, die uns in Ruhe ließen wie wir sie. Die Anonymität störte uns nicht, im Gegenteil, später kam sie uns ja zugute. Wie auf einer einsamen Insel wohnten wir mitten in der Stadt und wussten es zu schätzen. Elena brauche niemanden, meinte sie, es reiche ihr, mich zu haben, mehr Kontakt habe sie nicht nötig. Sie hasse ihre Mitmenschen nicht. Es sei nur so, dass sie besser ohne sie als mit zu vielen von ihnen auskomme.

Elena wusste sich mit sich selber zu beschäftigen. Ständig gab es etwas zu tun. Sie kochte, nähte, lernte Sprachen, las mehrere Bücher gleichzeitig, ging wandern, bergsteigen, Rad fahren, sah fern. Alles, was sie tat, war nach innen gekehrt, von der Außenwelt verlangte Elena bloß, dass niemand sie belästigte, einschränkte, bedrängte. Nur mir gewährte sie Zugang. Ich muss ihr genau im richtigen Moment begegnet sein, als sie sich in ihrer Jugend kurz der Welt öffnete. Sie nahm mich auf und verschloss sich dann wieder in ihrem Kokon, der nun unserer war. Einmischung von außen duldete sie nicht. Lediglich mir erlaubte Elena zu sehen, dass sie nicht nur stark, sondern zerbrechlich zugleich war. Es gab Tage, da verzweifelte gerade sie, die Unumstößliche, an Kleinigkeiten, da brachten ein unglücklicher Job oder ein misslungenes Gericht sie aus dem Gleichgewicht oder setzte ihr der Südwind zu. Dann brauchte sie mich, dann lehnte sie sich an meine Schulter, umklammerte sie mich und ließ mich nicht mehr los. Ich hatte dann stark zu sein für die Starke. Diese Aufgabe erfüllte mich und gab meinem sonst fragwürdigen Dasein einen Sinn. Doch lange hielten solche Perioden nicht an. Auch mir, ihrem engsten Vertrauten, gewährte Elena nur begrenzten Spielraum. Sie konnte nicht anders. Drängte ich mich – absichtlich oder unabsichtlich – an manchen Tagen zu sehr auf, *nötigte* ich sie, wie sie es nannte, zu irgendetwas, das ihr widerstrebte, verschloss sie sich auch mir gegenüber. Je länger ich Elena kannte und umso besser ich sie verstehen lernte, desto mehr lernte ich zu vermeiden, zum falschen Zeitpunkt das Falsche von ihr zu verlangen. Im Lauf der zwei Jahrzehnte, die wir zusammen verbrachten, wusste ich ihre Zeichen immer besser zu deuten und Elena in Ruhe zu lassen, wenn sie das wollte. Wie eine Art Spiel sah ich es, spielerisch bewältigte ich die Dynamik unserer Beziehung, verspielt lernte ich, mit unserer Liebe umzugehen. Auf unerklärliche Weise leicht fiel es mir, mich mit Elenas Sonderlichkeiten zu arrangieren. Auch als ich Elenas Kinderwunsch bemerkte und feststellte, dass sie sich ein zweites Mal in ihrem Leben dazu bereitmachte, jemandem Zugang zu sich zu gestatten, erschreckte mich das nicht. Ich entschied, es zu nehmen, wie immer es kommen sollte – mir wäre ohnehin nichts anderes übriggeblieben. Sollte das Leben mit Elena auf immer ein rätselhaftes Abenteuer bleiben, an mir würde es nicht scheitern. Ich nahm mir vor, den Neuling, wann immer er zu uns stoßen würde, zu akzeptieren. Solange ich Elena nicht das Gefühl gab, ihm im Wege zu stehen, würde auch er mir keine Konkurrenz machen. Was wir zu zweit hatten, würden wir auch zu dritt nicht verlieren. Ich würde das Neue lieben, wie ich Elena liebte, und auch ihre Zuneigung für mich würde darunter nicht leiden, vielleicht würde unsere Liebe sogar noch wachsen. So stellte ich es mir vor, so redete ich es mir ein, wann immer mich Zweifel befielen und ich Angst davor bekam, was geschehen könnte, würde Elena eines Tages schwanger werden.

Doch das wurde sie nicht. Jahre vergingen, und sie wurde nicht schwanger. Ich sah uns schon zweisam altern, später gemeinsam eine Alm bewohnen, irgendwo am Rand der Menschheit, ausgeklinkt aus dem Rhythmus der Zeit, verrückt vielleicht, aber nicht allein, nur Elena und ich in alle Ewigkeit. Zusammen würden wir irgendwann einschlafen, unbemerkt von allen anderen, nebeneinander liegen, Hand in Hand. Mit geschlossenen Augen würden wir in den Himmel starren und uns gegenseitig spüren, spüren, wie wir zusammen gewesen waren in der Welt und nun fortgehen würden aus ihr.

HITOTSU

Im Februar waren Elena und ich auf der Rückreise von einem Aufenthalt an der Côte Bleue nahe Marseille. Tagelang waren wir auf den schmalen, einsamen Küstenpfaden und Klippen der Halbinsel gewandert, geklettert, das leuchtend blaue Meer unter, der leuchtend blaue Himmel über uns. Auf alten, halb verfallenen Zöllnerwegen, die durch das Geröll der Kalkfelsen schnitten, waren wir allein mit uns, dem Rauschen der Brandung und den Böen des Mistrals gewesen, der über unsere Köpfe hinweg vom Landesinneren aufs Wasser blies. In Sausset waren wir in das alljährliche Seeigel-Festival geraten und hatten unsere Mägen über alle Maßen mit Meeresgetier und Roséwein überfrachtet. Sobald wir uns am folgenden Tag mit dem Passat auf den Heimweg machten, setzte uns der Seegang im schwankenden Fahrzeug zu. Immer wieder mussten wir die Fahrt unterbrechen, zweimal übergab sich Elena sogar am Straßenrand. Wir wechselten uns am Steuer ab, aber weiter als nach Valence, zweihundert Kilometer nördlich von Marseille, schafften wir es nicht. Direkt an der Autobahnabfahrt im Norden der kleinen Industriestadt checkten wir in einem Formule-1-Automatenhotel ein. Es gab keine Rezeption, sondern alles wurde, wie an den meisten Standorten dieser Billighotelkette, an einem Automaten vor der Eingangstür geregelt. Wir schoben Elenas Kreditkarte in einen Schlitz und erhielten einen Zugangscode, mit dem sich die Schiebetür des kleinen, wie aus Lego gebauten Gebäudes sowie die Tür des uns zugewiesenen Zimmers öffnen ließen. Es lag am Ende des Gangs im zweiten Stock, aber eigentlich spielte es keine Rolle, welches man bekam, alle Zimmer im Formule 1 waren identisch: ein Ehebett mit Plastikunterlage und ein darüber montiertes, winziges Stockbett, zwei Personen und ein Kind konnten übernachten, übernachten und nicht mehr. Rein zweckdienlich, ähnlich einer Gummizelle, waren die Zimmer so eingerichtet, dass Gäste nichts verwüsten oder stehlen konnten, nur einen Wandschrank, einen verschalten Miniaturfernseher, ein Plastikwaschbecken und eine Ablage aus Metall und Laminat gab es, alles fest verankert. Klo und Duschzelle, beide mit einem Selbstwasch- und Desinfiziermechanismus ausgestattet, befanden sich am Gang. Jeder Gast des Hauses wurde als mutmaßlicher Dieb oder Vandale eingeschätzt, trotzdem fühlte ich mich nicht unwohl. Irgendetwas gefiel mir an der bedingungslosen Sachlich- und Schmucklosigkeit. Vor allem war ich froh, dass wir an diesem Tag nicht mehr weiterfahren mussten. Auf dem PVC-Boden neben dem Bettgestell war gerade eben Platz, dass Elena und ich nebeneinander stehen und durch das versiegelte Fenster auf die A7 blicken konnten, die sich vor unseren Augen weiter nach Lyon in den Norden zog.

– Kein Wunder, dass diese Hotels von Nutten genutzt werden, sagte Elena.

Im gesamten Gebäude war es still, leblos. Als wir zum Automaten im unteren Stock gingen, der anstelle eines Frühstücksraums Kalt- und Heißgetränke und verschiedene Snacks ausgab, trafen wir dort keinen einzigen Menschen an.

– Ich werde heute Nacht wohl in unser Waschbecken pissen müssen, sagte ich, auch wenn mir klar war, dass Elena das nicht tolerieren würde.

– Halt es gefälligst zurück, sagte sie. Wenn du dich nicht aufs Klo traust.

Stundenlang zappten wir, auf der harten Matratze liegend, durch langweilige Sendungen, wie sie nur das französische Fernsehen ausstrahlen konnte. Schließlich drehten wir ab, und Elena schlief wie gewöhnlich sofort ein. Eine Weile noch hörte ich dem Lärm von der Autobahn zu, der kaum gedämpft durch unser Fenster drang. Ich versuchte mir einzubilden, dass das Rauschen der Fahrzeuge das Rauschen einer Brandung sei.

Als das Weinen mich weckte, war es zwei Uhr morgens. Zuerst baute ich die Kinderstimme in einen Traum ein. Ein Mädchen, ähnlich Carrie, des Satans jüngste Tochter aus Stephen Kings Horrorklassiker, stand vor unserem Haus in der Siedlung, ich selbst war noch ein Kind. Meine Mutter und ich blickten teilnahmslos vom Küchenfenster zu ihr hinunter, schauten zu, wie sie schrie und sich mit dem Schreien auflöste. Von den Fingerspitzen her begann sie zu verschwinden.

– Ihre Fingernägel, siehst du?, fragte ich Mutter. Sie verschwinden!

– Ja, sie verschwinden, antwortete sie.

Ich sah, wie rote, blutige Haut unter den Fingernägeln zum Vorschein kam. Doch das Blut des Mädchens stockte. Es tropfte nicht zu Boden. Im Gegenteil: Es zog sich zurück, zog sich in Carrie hinein, durch ihre Adern hindurch, entlang ihrer dünnen Ärmchen hinauf zu ihrem Herz und Kopf. Ich wusste, dass sie sterben würde, und da Mutter und ich nichts dagegen unternehmen konnten, sahen wir ihr dabei zu, sahen dem Blut zu, wie es von den Händen zurück in den Körper rann und Haut und Fleisch und Knochen mit sich nahm. Vor dem Anblick ekelte mich, aber ich konnte mich nicht abwenden, durfte nicht, spürte, wie Mutter von mir verlangte, dass ich die Implosion betrachtete, und außerdem fühlte ich eine widerwärtige neutrale Neugier in mir, wohin das Mädchen verschwinden würde. Ich überlegte, ob sein Schreien aufhören würde, wenn der Mund vom Körper aufgesaugt, ausgelöscht wäre.

Das Weinen hörte nicht auf, auch als von Carrie nur ein undeutlich im Dunklen schwebender, blutiger Brocken, in etwa so groß wie ihr Herz, übrig blieb. Selbst als Elena mich weckte und ich mühsam in unser Formule-1-Zimmer zurückfand, hörte das Weinen nicht auf. Es kam vom Gang.

– Hörst du?, fragte Elena.

Es war nicht besonders laut. Fast mechanisch klang die Stimme, unwirklich, mehr wie die Imitation eines Weinens, wie automatisiert, als wäre es zur Gewohnheit geworden, regelmäßig, nicht panisch. Eine Weile hörten wir zu und warteten ab. Doch alles blieb, wie es war. Eine kleine, dünne Stimme machte draußen auf dem Gang unablässig auf sich aufmerksam, und niemand kümmerte sich darum.

– Wir müssen nachsehen, sagte Elena.

Vielleicht hatte sich das Kind ausgesperrt und fand nicht mehr ins Zimmer seiner Eltern zurück?

– Die Eltern müssen es doch hören!, sagte ich.

Niemand aber schien es zu hören. Niemand außer uns.

Irgendwann mussten wir eingreifen. Elena zog unsere Tür einen Spaltbreit auf und blinzelte in den neonbeleuchteten Flur. Vorn an der Treppe saß das weinende Kleinkind auf dem Boden, blass, fast durchsichtig, mit zerrauftem, wild gelocktem Haar. Tränen standen in seinen geröteten Augen. Dass es sich um ein Mädchen handelte, war offensichtlich, es trug einen rosaroten Hello-Kitty-Pullover und kleine Ohrringe in beiden Ohrläppchen. Ich musste einfach nachsehen, ob sich die Fingernägel des Mädchens bereits abgelöst hatten und das stockende Blut zurück in ihren Körper floss.

Doch das hier war kein Traum. Die Kleine saß verlassen am Treppenabsatz. Entweder war sie gerade die flache Stiege heraufgekrabbelt oder sie wollte hinunter. Elena hatte sich angezogen und ging langsam, gebückt auf das Mädchen zu, als wolle sie sich einem scheuen Tier nähern. *Mais, qu'est-ce qu'il y a?*, flüsterte sie. *Qu'est-ce que tu as, ma petite?* Vorsichtig versuchte sie, das Vertrauen des Mädchens zu gewinnen. *Pleure pas, cherie, pleure pas ...*

Auch ich schlüpfte jetzt in meine Jeans, warf ein T-Shirt über, zog Socken und Schuhe an und folgte Elena. Als ich sie erreichte, saß sie auf der Treppe, das Mädchen im Arm. Bedächtig streichelte und wiegte sie das Kind. *Tout va bien se passer*, sprach sie leise und zart auf die Kleine ein. *Elle est où, ta mère?* Allmählich beruhigte sich das Mädchen und schluchzte nur mehr. Es war höchstens ein Jahr alt. Elena hätte genauso gut Deutsch sprechen können. Ohne etwas zu sagen, setzte ich mich dazu und beobachtete, mit welch selbstverständlicher Fürsorge Elena sich um das Mädchen kümmerte. Es lag in ihren Armen und schien sich geborgen zu fühlen. Irgendwie wirkte es völlig normal, die beiden so ineinander verschlungen zu sehen, als gehörten sie zusammen. Kurz wandte sich Elena an mich, um mir den Auftrag zu erteilen, nach den Eltern des Mädchens zu suchen. Fast hätte ich nicht reagiert, denn neben mir saßen ja Mutter und Kind. Das Kind war hingefallen und hatte sich wehgetan. Die Mutter hat es in den Arm genommen. Trotzdem stand ich auf und blickte mich um. Hinter mir lag der von mattem Neonlicht ausgeleuchtete, fensterlose Flur. Je vier identische Türen gingen zu jeder Seite ab, alle waren verschlossen, nichts regte sich. Seit das erschöpfte Mädchen sich bei Elena beruhigt hatte, war nur mehr das Tuscheln und Schluchzen der beiden zu hören. Leise brummte die Autobahn im Hintergrund, die Sonnenautobahn, l'Autoroute du Soleil. Ich konnte diesen gespenstischen Frieden doch nicht zerbrüllen. Hallo! Ist da jemand? Wem gehört dieses Kind? Was hätte ich rufen sollen? Wenn das Schreien und Weinen niemanden geweckt hatte, würde sich auch von meinem Rufen niemand stören lassen.

– Ich werde unten nachsehen, sagte ich in sanftem Tonfall, um das Kind nicht zu erschrecken, Elenas Kind, mit aufgerissenen Augen starrte es mich an und duckte sich in meine Freundin hinein.

Leise tappte ich die Treppen hinunter, als hätte ich die Absicht, niemanden zu wecken, ängstlich, ohne zu wissen, wovor ich Angst haben sollte. Im Erdgeschoß des Legohauses war der Gang identisch wie oben, geschlossene Türen links und rechts, auch im Stock über uns, dem dritten und höchsten, den ich im Anschluss inspizierte, eröffnete sich mir das gleiche Bild, tote Türen zu beiden Seiten, keinerlei Anzeichen von Leben. Es war in keiner Weise ersichtlich, ob ein Zimmer belegt oder das Hotel zur Gänze unbewohnt war. Ich nahm an, außer uns dreien befand sich niemand im Gebäude. Vielleicht hatte ich dieses Ergebnis meiner Suche nicht nur erwartet, sondern sogar erhofft. Kaum konnte ich mir vorstellen, dass jemand Elena das Mädchen wieder entreißen würde, jemand, der sich offensichtlich wenig um die Kleine kümmerte und nicht hörte, wenn sie schrie. Ich beschloss, ein weiteres Mal im Erdgeschoß nachzusehen. Doch ich würde nicht beginnen, an Türen zu klopfen. Wo hätte ich anfangen sollen? Und warum eigentlich?

– Nichts, sagte ich, als ich beim Hinuntergehen der Treppe bei Elena vorbeikam.

Wortlos blickten sie mir nach, Elena und das Kind.

Bei meiner zweiten Inspektionsrunde durch den unteren Geisterflur entdeckte ich im Eingangsbereich eine zerknäuelte, karierte Wolldecke, die neben dem Imbissautomaten auf dem Boden lag. Als wir am Abend eingecheckt hatten, war mir diese Decke nicht aufgefallen. Irgendjemand musste sie hier abgelegt haben. Musste das Kind in dieser Decke hier abgelegt haben. Ich hob sie auf und brachte sie hoch. Elena wickelte sie um den Körper des Kindes, das nun tief und gleichmäßig atmend einzuschlafen schien, so erschöpft war es. Müde und teilnahmslos blickte es durch mich hindurch.

– Hast du auch draußen nachgesehen?, fragte Elena.

Vor dem Hotel herrschte eine ähnlich geisterhafte Stimmung. Kalt, tot, dunkel. Das Gewerbegebiet an der Autobahnabfahrt war in das düstere, orange Licht vereinzelter Straßenlaternen getaucht. Ein Maschendrahtzaun markierte den Hotelparkplatz. Dahinter ein kahler Baum, eine Hecke. Links und rechts der löchrigen Zufahrtsstraße waren eingezäunte Gebäude und Fabrikgelände auszumachen, Lagerhallen, Baracken mit Wellblechdächern, Nutzfahrzeuge, die davor abgestellt waren. Den Schildern nach handelte es sich um Hersteller und Händler von Autobatterien, Autoreifen und Ähnlichem. Um drei Uhr morgens war alles hier ausgestorben.

Mich fror in meinem T-Shirt. Kurz ging ich vor zur Ausfahrt des Hotelgrundstücks und blickte in alle Richtungen. Zu meiner Erleichterung traf ich keinen Menschen an. Die einzigen Lebenszeichen waren ein paar Sattelschlepper, die auf der Autobahn vorüberdonnerten. Unser Passat stand verlassen auf dem Parkplatz. Weiter von der Eingangstür entfernt waren drei weitere Fahrzeuge geparkt, ein weißer Lieferwagen, zwei kleinere, dunkle PKW mit französischen Kennzeichen, die meiner Erinnerung nach schon hier gestanden waren, als wir angekommen waren. Es musste sich nicht um Hotelgäste handeln. Vielleicht hatte jemand, seit Tagen schon, seit Wochen, warum auch immer, sein Fahrzeug hier abgestellt. Zögerlich näherte ich mich den Autos. Nirgends entdeckte ich einen Kindersitz oder etwas in der Art.

Ich zitterte am ganzen Körper. Die Temperatur lag nicht weit über dem Gefrierpunkt. Nach einem letzten Blick in die trostlose Betonlandschaft gab ich unseren Zugangscode am Automaten ein und schlich ins Gebäude zurück.

– Nichts. Niemand. Nirgends, sagte ich.
– Sie ist völlig erschöpft, die Kleine, sagte Elena.
Ich überlegte, wie das Kind wohl hereingekommen war.

Wir nahmen es mit in unser Zimmer und gaben ihm zu essen und trinken, eine Banane, Keks, Milchbrötchen, Haltbarmilch, was immer wir in unserem Proviant fanden. Das Mädchen hatte viele Milchzähne und überraschend großen Appetit. Mit einem Badetuch putzte ich sein Gesicht und seine Händchen. Dann legten wir es in unser Bett. Elena deckte es sanft zu und legte sich daneben. Sie bot ihm ihren abgewinkelten Finger an, um daran zu saugen. Das Mädchen ließ alles mit sich machen. Schien froh darüber zu sein, was mit ihm geschah. An Elenas Finger saugte es sich in den Schlaf.

Ich ließ die beiden im Zimmer zurück und unternahm einen weiteren Rundgang durch das Hotel. Alles war unverändert, nur aus dem zweiten Zimmer im Erdgeschoß hörte ich jetzt ein Stöhnen, das schnell heftiger wurde. Eine Frauenstimme. Vorsichtig lauschte ich an der Tür. Es war nicht zu erkennen, mit wem sich die Dame vergnügte. Ob sie sich überhaupt vergnügte. Bald erschien mir ihr Stöhnen wie ein Anfeuern. Ich ging hinaus auf den Parkplatz und bemerkte ein neues Auto, einen silbernen Peugeot, der im Halbdunkel geparkt war. Er musste zu dem Paar – falls es ein Paar war – im Erdgeschoß gehören. Sie konnten nicht die Eltern des Kindes sein. Also ging ich zurück in unser Zimmer und legte mich zu Elena und dem Mädchen. Auch Elena war eingeschlafen.

Ich selbst schlief nur wenige Stunden. Wie Elena und das Kind so ruhig schlafen konnten, war mir ein Rätsel. Sie wirkten zufrieden, schienen sich gefunden zu haben. Kurz nach sieben stand ich auf und achtete darauf, die beiden nicht zu wecken. Ich wusch mir das Gesicht und huschte aus dem Zimmer, um auf die Toilette zu gehen. Im Flur brannte unverändert schwach das Neonlicht. Von unten drang durch die Glastür im Eingangsbereich das matte Blau des anbrechenden Tages.

Ich ging zum Automaten hinunter, um mir einen Kaffee zu holen, da stieß ich auf einen großen Mann mit ausgedehnter Halbglatze.

– Bonjour, sagte ich und sah ihm dabei zu, wie er Münzen einwarf.

– Bonjour, antwortete er knapp und drehte sich zu mir um.

– War das Ihr Kind, das heute Nacht so einen Lärm gemacht hat?, fragte er unvermittelt. Ich konnte die halbe Nacht nicht schlafen.

– Es tut mir leid, entschuldigte ich mich.

Ich bot an, seinen Kaffee zu übernehmen, aber er lehnte ab.

– Dafür ist es jetzt zu spät, sagte er und trottete beleidigt zurück zu seinem Zimmer, irgendwo oben im dritten Stock.

Als ich zurück in unser Zimmer kam, saß Elena auf dem Bett und strich dem halbwachen Mädchen zärtlich durchs Haar.

– Sie braucht eine neue Windel, sagte sie. Sobald die Läden öffnen, musst du ein paar Besorgungen machen.

Noch vor acht machte ich mich auf den Weg. Auf dem Parkplatz kam mir ein junger, modisch gekleideter Mann entgegen. Seine Haare waren lieblos mit Pomade nach hinten geklebt, und er machte einen verschlafenen Eindruck.

– Bonjour, sagte ich, ohne ihm in die Augen zu sehen.

– Bonjour.

Ich musste nicht weit in die Stadt fahren, um die Einkäufe zu machen, denn in unmittelbarer Umgebung des Hotels entdeckte ich einen Leclerc-Hypermarché, ein Einkaufszentrum, wo es alles zu erstehen gab, was man sich vorstellen konnte. Hastig füllte ich den Einkaufswagen mit Nahrungsmitteln, Getränken, Kinderkleidung und etwas Spielzeug, das mir für ein einjähriges Mädchen passend erschien. Auch Windeln, Bilderbücher, einen Sonnenhut für Babys und verschiedene Schnuller fand ich. Und obwohl er teuer war, kaufte ich einen Kindersitz. Mir war nicht bewusst, was ich tat, ich handelte einfach, tat, was getan werden musste. Ich machte das Auto für uns drei zur Abreise bereit.

Zurück im Hotelzimmer, saß Elena mit der Kleinen auf

dem Bett und versuchte mit ihr zu kommunizieren. *Tu t'appeles comment?*, fragte sie. Doch von dem Mädchen kamen nur unverständliche Vokale. Freundliches Gelalle mit vielen A-Klängen.
– Anna? Lara? Sarah?
– Sa-a, brabbelte das Mädchen.
– Klingt für mich wie Sarah. Hörst du, Gerold?
– Sa-a.
– Ich finde, das passt zu ihr.
– Sa-a.
– So werden wir sie nennen: Sarah. Ist das Auto fertig gepackt?

Die Wintersonne, die hinter der Autobahn aufgegangen war, leuchtete flach und schneidend den Hotelparkplatz aus, als ich die letzten Sachen aus unserem Zimmer ins Auto räumte und mich ans Lenkrad setzte. Ich trug eine Sonnenbrille, was ich sonst nie tat. Ein weiterer Hotelgast begegnete mir auf dem Parkplatz, ein unscheinbarer Mann, den ich kurz grüßte. Dann wartete ich, den Zündschlüssel im Schloss, bis Elena mit Sarah nachkam. Ich überlegte gerade, ob ich den Wagen starten und näher bei der Eingangstür positionieren sollte, da trat Elena aus dem Hotel. Sarah, die sie im Arm hielt, war frisch angezogen, den Sonnenhut tief in ihre Stirn gezogen. Elena, ebenfalls mit Sonnenbrille, beugte sich über Sarah und schien ihr Kind vor der aufgehenden Sonne schützen zu wollen. Sie nahmen auf dem Rücksitz Platz, wo ich hinter dem Beifahrersitz den Kindersitz montiert hatte. Ich kam mir wie ein Taxifahrer vor und fragte im Spaß, wohin die Reise ginge. In gewisser Weise war es eine ernstgemeinte

Frage, denn ich war mir nicht sicher, ob es richtig war, was wir im Begriff waren zu tun. Noch hätten wir zu einer Polizeistation fahren und das Kind abgeben können, anstatt es zu entführen. Doch Elena ging nicht auf meine Frage ein. Sie warf die Plastiktüte, die sie aus dem Hotel getragen hatte, auf die Fußablage des Beifahrersitzes. Die alte Windel und das vollgesabberte Hello-Kitty-Pulloverchen befanden sich darin.

– Das ist Müll, sagte Elena. Müssen wir auf der Autobahn entsorgen.

Die Wolldecke, auf der Sarah scheinbar im Hotel abgelegt worden war, hatte ich auf den Rücksitz gepackt. Ich besitze sie noch heute. Im Schrank in unserem Schlafzimmer bewahre ich sie auf. Sobald wir auf der Autobahn waren und nördlich Richtung Lyon fuhren, klemmte Elena die Decke ins Seitenfenster, um das Sonnenlicht abzuhalten, das Sarah ins Gesicht schien.

– Deine Kreditkartennummer, sagte ich. Es lässt sich feststellen, dass du in dem Hotel eingecheckt hast. Auch wenn wir keine Spuren im Zimmer hinterlassen haben; deine Kreditkarte hat welche hinterlassen.

– Es wird wohl kaum verboten sein, in einem Formule 1 zu übernachten.

Ich wusste sehr genau, dass Elena ihre Entscheidung gefällt hatte und nicht mehr davon abzubringen war. Trotzdem hatte ich Bedenken.

– Wer immer Sarah dort abgelegt hat, sagte ich, musste die Eingangstür öffnen. Auch diese Person musste eine Kreditkarte in den Automaten schieben …

– Nicht unbedingt, sagte Elena. Vielleicht hatte dieser

Mensch sonst wie einen Zugangscode? Kannte jemanden, der bei Formule 1 arbeitet, oder benutzte eine geklaute oder gefälschte Karte? Oder schlich sich hinter einem anderen Gast ins Hotel? Würdest du eine freundliche Mutter mit Baby verdächtigen, wenn sie kurz hinter dir ein Hotel betritt, als würde sie dort wohnen?

Ich erinnerte mich daran, wie ich Guido nach einer seiner Operationen zur Dehnung der Speiseröhre auf der Intensivstation besucht hatte, ohne Genehmigung. Ich hatte einfach gewartet, bis sich die Schiebetür öffnete, weil jemand die Station verließ, und mich hindurchgezwängt. Niemandem war aufgefallen, wie ich mir Zugang verschaffte.

– Vielleicht hat sie auch den Hintereingang genommen?, sagte Elena. Oder sie ist als Putzfrau angestellt?

Elena hatte recht. Es gab viele Möglichkeiten, unauffällig in ein Motel zu gelangen und dort etwas abzulegen, das man loswerden wollte.

– Wieso tut man so etwas?, fragte ich.

Ich sollte aufhören, mir darüber Gedanken zu machen, meinte Elena. Die Vergangenheit konnten wir nicht ändern. Die Zukunft dieses Mädchens war es, um die wir uns zu kümmern hatten.

In den ersten Stunden der Fahrt blickte ich mehr in den Innenspiegel unseres Passats als auf die Fahrbahn. Immer wieder vergewisserte ich mich, was hinter mir auf der Rückbank vorging. Plötzlich hatten wir ein Kind bekommen. Ein wenig verstört wirkte Sarah durchaus, verwirrt, verwundert, aber bei weitem nicht so sehr, wie ich erwartet hatte. Die Laute, die sie von sich gab, waren keiner Sprache zuordenbar. Französisch oder Rumänisch oder Portugiesisch, es hätte auch jede andere Sprache sein können. Jedenfalls weinte Sarah wenig, und obwohl sie sich im Krabbelalter befand, blieb sie ziemlich ruhig in ihrem Sitz und wehrte sich nicht dagegen, angeschnallt zu sein. Sie schien gewillt, sich auf die neue Situation einzustellen, und Elena tat alles, um ihr die Angst zu nehmen. Was immer dieses Mädchen erlebt hatte, was immer es vermissen oder erleiden hatte müssen (auch wenn wir keine Anzeichen von Verwahrlosung oder Misshandlung feststellten); von einem Moment auf den anderen war es zu einem umsorgten und innig geliebten Kind geworden.

Zu sehen, wie zärtlich Elena mit der Kleinen umging und wie geduldig und spielerisch sie ihr die verschiedenen Schnuller anbot, rührte, befremdete und faszinierte mich zugleich. Alles, was Elena tat, schien absolut natürlich, als wäre sie darauf vorbereitet gewesen. Auch Sarah muss diese Überzeugung und Sicherheit gefühlt haben. Es dauerte nicht lang, da hatte sie sich nicht nur an den Schnuller, sondern auch an ihre neuen Eltern gewöhnt. Sie saugte wie verrückt an diesem dicken, fetten Latex-Schnuller, immer an demselben, die kommenden drei Monate ließ sie auch tagsüber nur selten davon ab. Wann immer wir ihn ihr wegnahmen, setzte sie sich zur Wehr. Ich glaube, solange ich Sarah kannte, ist sie niemals ohne diesen Schnuller eingeschlafen, den ich ihr im Leclerc gekauft hatte. Auch im Mai trug sie ihn im Mund.

Wir entschieden, nicht über die Schweiz, sondern weiter nördlich über Karlsruhe nach Hause zu fahren, weil wir auf der Strecke über Deutschland kaum Grenzkontrollen bis

Österreich zu befürchten hatten. Die ganze Fahrt über war Elena mit Sarah beschäftigt. Sie las ihr Bilderbücher vor, spielte mit einer Rassel und mit Klötzchen mit ihr, nahm sie hin und wieder aus dem Sitz und sang ihr französische Schlaflieder vor. *La vache*, kam vom Rücksitz. Muh. Muh.

– Wir sollten nur mehr Deutsch mit ihr reden, schlug ich vor.

Elena stimmte zu. *Da kommt ein Bär von Konstanz her und zwickt die Sarah da her!*, hörte ich von der Rückbank. Liebevoll zwickte Elena die Kleine in die Brust und kitzelte sie. Sarah prustete. Elena wischte ihr mit einem Stofftuch den Speichel von den Mundwinkeln. Schüchtern drückte sie ihr einen kleinen Kuss auf die Wange.

Immer wieder betrachtete ich Sarah im Rückspiegel und überlegte, ob sie rein optisch unsere Tochter hätte sein können. Ihre großen, kastanienbraunen Augen, die hellen Locken, die blasse Haut. Das Dünne, Zerbrechliche konnte sie durchaus von Elena haben, dachte ich. Die Nase vielleicht von mir. Etwas Südeuropäisches meinte ich in ihr zu erkennen. Auch in mir konnte man den Italiener ausmachen, wenn man wollte. Es war wie mit allen Kleinkindern: Sie glichen ihren Eltern, je mehr man sie mit ihnen verglich. Wenn man wollte, dass es Ähnlichkeiten gab, fand man welche. Sarah war jetzt unser Kind, weil wir es so wollten. Elena wollte es, daran ließ sie keinen Zweifel. Ich hatte mich damit abzufinden. Wir waren nun eine Familie. Ich war mir nicht sicher, was ich davon halten sollte, auch wusste ich nicht, wo es hinführen würde. Aber es war, wie es war. Es ließ sich nicht mehr ändern.

HITOTSU

Die Felskante vor meinen Füßen. Ich blicke geradeaus. Schaue dem Berg dabei zu, wie er in die Tiefe stürzt. Als würde die Sonne, die vom wolkenverhangenen Himmel gefallen ist, ihn mit sich reißen. Es ist 18:41. Mein Chronograph piepst, denn ich habe das Wecksignal auf die örtliche Sonnenuntergangszeit gestellt. Wie befürchtet habe ich die Zeit übersehen. Manchmal steht sie so still, dass ich sie anschieben möchte, dann wieder rennt sie mir davon, und ich weiß nicht, wohin. Jetzt bleibt mir eine halbe Stunde lang das, was zivile Abenddämmerung genannt wird. Wenn ich nicht rechtzeitig fertig werde, muss ich zur Taschenlampe greifen, um das Manuskript zu Ende zu bringen. Bitte verzeihen Sie, wenn meine Handschrift unansehnlicher wird, die Handschrift eines Wahnsinnigen, wie Sie vielleicht denken werden. Leichtfertig wird man ja als wahnsinnig eingestuft, und doch bleibt das immer nur Betrachtung von außen. Weil der Betrachter nicht feinsinnig genug ist, gilt der Betrachtete als irrsinnig. Vielleicht überlegen Sie, einen Graphologen zu Rate zu ziehen, der meine Handschrift deuten, meine geistige Verfassung einschätzen soll. Doch ein Text, der unter solchen Umständen, dem Wind, der Kälte, dem Regen ausgesetzt, verfasst ist, kann nicht psychodiagnostisch analysiert werden. Es lässt sich nicht feststellen, ob die Schwankungen im Schriftbild innerlich oder rein äußerlich bedingt sind. Sie müssen mir jetzt vertrauen, so wie ich Guido letztlich vertraut habe. Ich habe mir vorgenommen, mich Ihnen gegenüber zu öffnen und niederzuschreiben, wie ich hier herauf auf den Bocksberg gekommen bin. Also berichte ich von Sarah, von der, abgesehen von Ihnen, bislang niemand weiß.

Kein Mensch hat je von diesem Kind erfahren, das seit Februar bei uns lebte. Wem hätten wir sagen sollen, dass wir das Mädchen gerettet hatten, gestohlen hatten, verschwinden hatten lassen? Sarah tauchte in der Heldendankstraße unter und nirgends wieder auf. Natürlich war das nicht geplant, aber von Woche zu Woche wurde es unmöglicher, aus der Situation, in die wir uns gebracht hatten, wieder herauszukommen. Schließlich konnten wir nicht zur Polizei gehen und unsere Tochter abgeben! Behalten wollten wir sie, mit jedem Tag mehr, nicht nur Elena wollte das, auch ich wuchs erstaunlich schnell mit der Kleinen zusammen.

Mit großem Stolz bemerkte ich Elenas Blicke, wenn ich Sarah im Arm hielt und es schaffte, sie in den Schlaf zu wiegen. Ich fühlte mich doppelt geliebt. Ich flüsterte auf Sarah ein und schaukelte sie mit einer Geduld hin und her, die ich von mir gar nicht gekannt hatte. War sie eingeschlafen, weigerte ich mich, sie abzulegen, nichts von der Wärme und dem Duft, den sie aussandte, wollte ich verpassen. Ein *Medium der Liebe* seien Kinder, hatte ich einmal gelesen. Nun konnte ich mir vorstellen, wie das gemeint war. Ich freute mich sogar darauf, Sarahs Windeln zu wechseln, weil alles jetzt einen direkten Sinn zu ergeben schien.

– Puuuuh, das stinkt aber, Mademoiselle, sagte ich, verzog spielerisch mein Gesicht und schüttelte mich.

Sarah quiekte vor Vergnügen und Stolz über ihr Werk. Sie stand in keinerlei Konkurrenz zu mir, im Gegenteil, durch unser streng vor der Außenwelt gehütetes Geheimnis rückten Elena und ich so eng wie nie zusammen. Unser Leben war nun weiter von Einsamkeit und Bedeutungslosigkeit entfernt, als ich es mir je hätte vorstellen können. Jeder unserer vor der Öffentlichkeit verborgenen Tage schien über alle Maßen wertvoll, denn wir wussten, jeder konnte der letzte sein. Auf Dauer würde es nicht möglich sein, das Mädchen zu verstecken. Irgendwann würde passieren, was immer unvorstellbarer wurde, irgendwann würde Sarah uns genommen werden. Von Tag zu Tag wollten wir weniger davon wissen. Wir verweigerten, uns damit auseinanderzusetzen, und hofften, dass sich die Angelegenheit irgendwie von selbst regeln würde. Vielleicht hatte uns Sarah mit ihrer kindlichen Naivität angesteckt, vielleicht hatte uns auch die Aussichtslosigkeit der Sache zu weltfremden Träumern gemacht, die daran festhielten, nicht erwachen zu müssen. Irgendeine Möglichkeit würde sich ergeben, dass Sarah bei uns bleiben konnte, beruhigten wir uns gegenseitig.

Ein einziges Mal unternahm ich eine Internet-Recherche, um herauszufinden, ob in Valence ein Mädchen vermisst wurde. Unter *fille disparue valence* und *alerte enlèvement valence* stieß ich nur auf einen entsprechenden Fall vom Januar 2010. Ein zehn Monate altes Baby wurde damals vermisst. Die Lebensgefährtin des Vaters hatte es verloren. Heute wäre dieses Kind über drei Jahre alt. Unmöglich konnte es unsere Sarah sein. Niemand vermisste sie also. Wir hatten das Richtige getan. Mehr wollte ich nicht wissen. Auch Elena, die sonst Diskurs nicht scheute, blockte ab, sobald die Rede auf unsere Zukunft kam.

Lieber entwarfen wir detaillierte Strategien, wie wir uns

mit dem Kind in der Öffentlichkeit zu verhalten hatten. Wir achteten darauf, wenn wir überhaupt mit Sarah aus dem Haus gingen, nicht dieselben Wege zu benutzen, die Einkäufe getrennt und in immer verschiedenen Geschäften zu erledigen, uns überhaupt nie zu dritt im Freien blicken zu lassen. Nicht der kleinste Fehler durfte uns unterlaufen. Würde ich mit Sarah im Kinderwagen einen Bekannten auf der Straße treffen, wäre es das Kind einer Freundin von Elena, auf das wir aufpassten, und umgekehrt. Die größte Gefahr ging vom Spielplatz aus. Sarah liebte Spielplätze, wir konnten ihr diese Orte nicht ausreden, konnten ihr diese Freude nicht ganz verwehren. Wenn ich mit ihr an einem Spielplatz vorbeikam, drängte sie mich, ihn aufzusuchen. Würden sie uns eines Tages erwischen, dachte ich, während ich Sarah im Sandkasten beobachtete, würde eine der gelangweilten Mütter, die mich umgaben, uns verraten? Ich setzte mich in eine Ecke, wo sich hauptsächlich türkische Mütter aufhielten, die von vornherein den Kontakt mit mir vermieden. Ich hoffte, Sarah würde sich nie verletzen oder ernsthaft erkranken. Wir mussten eine Lösung finden, bevor der erste Arztbesuch notwendig wäre. Wir mussten übersiedeln, irgendwohin, wo uns niemand kennt, niemand fragt. Wo wir neu beginnen könnten, wir drei. Nur wo? Und wie sollten wir dorthin kommen, nach Südamerika, nach Afrika, wo immer es sein sollte? Es war eine Sackgasse, in die wir liefen, aber da es kein Zurück gab, blieb nur die Möglichkeit, geradeaus weiterzulaufen, auf einen Endpunkt zu. Vielleicht würde ja etwas Unerwartetes geschehen.

Für einen kurzen Moment verschwand ich aus Sarahs Blickfeld. Hundertmal, tausendmal hintereinander, eine Sekunde nur, das war ihr der herrlichste Nervenkitzel. Sie liebte es zu schaukeln und juchzte, wenn ich vor ihren Augen wieder auftauchte. Stundenlang, mit jedem Schwung aufs Neue, rauschte sie auf mich zu, ihr Lachen das reine Glück, wieder und wieder, unbegreiflich, wie oft sich die Begeisterung wiederholen ließ. Da fliegt sie auf mich zu, meine Tochter, dachte ich. Wenn meine Arme schmerzten und ich Sarah abbremste, protestierte sie und zwang mich weiterzumachen, bis andere Kinder zur Schaukel drängten, zu denen ich Distanz wahrte.

Auch zu Hause war das Verschwinden und Auftauchen unser liebstes Spiel. Ich versteckte mich unter dem Wickeltisch oder hinter der Schlafzimmertür und sagte: Ja, wo ist er denn, der Papa? Ein Glucksen war von Sarah zu hören, mehr nicht, ein, zwei, drei Sekunden lang, dann tauchte ich aus meinem Versteck auf. Da!, rief ich, selbst überdreht vor lauter Begeisterung über unser Kasperltheater, auch beim zwanzigsten Mal noch. Da war er, der Papa. Noch heute habe ich Sarahs Stimme im Ohr, wie sie dieses Wort aussprach. *Papa.* Vielleicht war es das erste Wort, das Sarah sagte. Sie wusste nicht, was es bedeutete, aber sie wusste, dass ich es war, der Papa. Und wenn er sie tagsüber verließ, dieser Papa, weil er arbeiten gehen musste, konnte er es kaum erwarten, wieder nach Hause zu kommen. Er wusste, zwei Menschen warteten auf ihn. Er hoffte, dass nichts vorgefallen war, hoffte nichts mehr, als dass die beiden, die ihn liebten, auch nach seiner Schicht bei der Getränkefirma noch zu Hause waren.

Draußen zog der Frühling nur zögerlich ins Land, es war kalt und regnete viel. Wenn wir zu selten ins Freie kamen, wurde uns die Wohnung zu eng, und wir gingen uns gegenseitig auf die Nerven. Häufig strapazierte Sarah unsere Geduld, oder Elena und ich waren gleichzeitig überanstrengt und gelangweilt von der kindischen Welt, in die wir gerutscht waren. Manchmal trieb mich Sarah an die Grenze, wenn ich sie bei Tisch zu füttern versuchte. Es gab Momente, da hasste ich sie, hasste ihr an Arroganz grenzendes Desinteresse an den Bissen, die ich ihr mit dem Löffel in den Mund schieben wollte. Ich verzweifelte, wenn sie neckisch vom Tisch fegte, was immer sie erreichen konnte. Doch die Aufregung und das Glück dominierten. Die Phase der Desillusionierung, die im Lauf der Zeit hätte kommen müssen, blieb uns erspart. Zu kurz blieben wir zusammen, als dass wir in die graue Routine geschlittert wären, die auch das Elterndasein zwangsläufig mit sich bringt. Noch glich unser Verantwortungsgefühl füreinander einem Rausch. Ein High, das Elena und ich zusammen erlebten, ständig darauf bedacht, diesen Zustand so weit wie möglich in die Länge zu ziehen. Wir schätzten jeden einzelnen Tag, an dem es uns gelang, Sarah zu behalten. Auch wenn es auf Dauer nicht so bleiben konnte, wenigstens würde uns niemand die Tage nehmen können, die wir mit unserer Tochter verbracht hatten.

Rasch begann Sarah, sicherer auf ihren Beinen zu stehen. Sie war ein ziemlich furchtloses, ja wagemutiges Kind. Angst und Schrecken jagte ihr hauptsächlich das Klirren des zerbrechenden Glases ein, das uns hin und wieder weckte, wenn der Altglas-Container vor dem Haus mit großem Getöse geleert wurde. Dann hielt ich ihr die Ohren zu, und dicke

Tränen kullerten aus ihren Augen. Ansonsten fürchtete Sarah bloß die Nacht, die Dunkelheit, in der sie sich, wie mir vorkam, zwischen Träumen und Realität verloren und verletzlich fühlte, selbst wenn sie in unserem Bett lag. Manchmal heulte sie ohne Vorwarnung los und ließ sich lange nicht beruhigen. Ich machte mir Sorgen wegen der Nachbarn, denen Sarahs Weinen mitten in der Nacht aufgefallen sein musste. Wir besorgten ein Kuscheltier, einen flauschigen, langohrigen Stoffhasen, und ein Nachtlicht und ließen unser Mädchen zwischen uns schlafen. Jede Nacht ließen wir das Nachtlicht brennen, bis heute lasse ich es jede Nacht angeschaltet. Ich glaube, ich könnte in völliger Dunkelheit auch nicht mehr schlafen. Heute Morgen, als ich kurz nach fünf die Wohnung verließ, habe ich vergessen, das Lichtchen zu löschen. Den Stoffhasen habe ich auf Elenas Kopfkissen gelegt. Er riecht nach Sarah. Doch wie sollten Sie diesen Geruch erkennen.

Als sie aufrecht zu stehen begann, hielt Sarah sich eine Weile an unseren Händen fest, bald aber zog sie sich keuchend selber hoch und stützte sich an Möbeln oder Wänden ab. Jeden Tag wurden ihre Schritte ein bisschen sicherer. Bald war es ihre größte Freude, sich zu Regalen oder Schubladen vorzukämpfen, um diese bis zum letzten Gegenstand zu leeren, den sie darin entdeckte. Alles Zerbrechliche räumten wir aus dem Weg und versuchten, es aus ihrem Wirkungsfeld zu entfernen. Wir verstauten alles in höher gelegenen Regalen, bald aber kletterte und streckte sich Sarah so, dass nichts mehr vor ihr sicher war. Irgendwann gaben wir auf, versteckten alles, dem oder das Sarah hätte Schaden zufügen können, im Kellerabteil und ließen sie in der Wohnung wüten.

War sie abends endlich eingeschlafen, kehrte ungewohnte Ruhe ein, und wir genossen die Freiheit, ein Glas Wein nahe der Tischkante stehen zu lassen, ohne dass es jeden Moment drohte, von Sarah hinuntergerissen zu werden. Wir gaben uns mit wenig zufrieden, weil wir alles hatten. Wir erlaubten uns weder darüber nachzudenken, was mit Sarah geschehen war, bevor wir sie gefunden hatten, noch was in Zukunft geschehen würde, wenn man sie bei uns fand. Wie Tiere, die einem unerklärlichen Instinkt folgten, einem blanken Überlebenstrieb, lebten wir in den Tag hinein und waren glücklich, würden glücklich bleiben, bis dieses Leben zerbrach.

Es ist zu dunkel jetzt. Ich werde die Taschenlampe einschalten.

HITOTSU

– Sie würden sie in ein Waisenhaus stecken, sagte ich, als wir den steilen Forstweg hochmarschierten, der über den Breitenberg auf einer wenig bekannten Route zum Staufen führen sollte.

– Waisenhäuser gibt es nicht mehr, sagte Elena.

Sarah im Tragesitz auf ihrem Rücken schien guter Dinge zu sein. Es war das erste Mal, dass wir zu dritt in die Berge wanderten. Das Wetter war ähnlich wie heute, an diesem Dienstag, dem 8. Mai. Durchwachsen, gemäßigt. Kein Regen war zu erwarten, kein Gewitter, auch nicht langanhaltender Sonnenschein.

– In ein SOS-Kinderdorf oder eine ähnliche Einrichtung der Caritas würde sie kommen. Später würde man Pflegeeltern für sie suchen, sofern sich niemand findet, dem das Kind gehört, keine Mutter, kein Vater, keine Verwandtschaft. In ganz Frankreich würden sie suchen, in ganz Europa vielleicht.

Mit Einsetzen des Frühlings hatten wir begonnen, wieder Wanderungen zu machen, getrennt voneinander zuerst, einzeln, ohne Sarah, kurze, niedrig gelegene Strecken, wo kaum noch Schnee lag.

– Vielleicht könnten wir sie adoptieren? Ganz offiziell, sagte ich. Ansuchen um Adoption eines Kindes, das nirgendwo vermisst wird. Ich habe doch gegoogelt und die Annoncen der vermissten Kinder in Frankreich durchsucht. Nichts, kein Bild von ihr.

Den Schotterweg, den wir vom Tal her an der Westseite des Bergs hochstiegen, hatte mir ein Arbeitskollege empfohlen. Die Strecke sei in gutem Zustand, hatte er gesagt, aber fast niemand kenne sie. Hier könne man ungestört durch die steil ansteigenden Wälder gehen, entlang der senkrechten Klippen des Breitenbergs. Er hatte recht. Der Weg, der nach ein paar Biegungen zu einem schmalen Waldpfad wurde und schnörkellos den Hang hochführte, war wunderschön. Doch anstrengend, besonders mit Sarah auf dem Rücken, wirklich anstrengend. Elena und ich wechselten uns ab. Einer nahm den Rucksack, der andere das Kind. Stellenweise ließen wir Sarah ohne Tragesitz auf den Schultern sitzen oder trugen sie, was auf dem steiler und glitschiger werdenden Weg sicherer wirkte, an Hüfte oder Brust.

– Das kann nicht dein Ernst sein, sagte Elena. Nie im Leben könnten wir ein Kind adoptieren. Vor allem keines, das wir zuvor gestohlen haben.

Sie war wie ich außer Atem. Wir verlangsamten das Tempo und ließen Sarah zu Boden. Ich hielt die Kleine an den Händen und ließ sie selbst ein paar Schritte auf dem Waldpfad versuchen. Dann setzte ich sie auf meinen Oberschenkel und schaukelte sie bergaufwärts. Ihr machte das Spaß, aber ich hielt nicht lange durch. Ich überlegte, ob es nicht besser wäre umzudrehen. Der Passat war unten bei einer Scheune in Haslach abgestellt, in einer guten halben Stunde hätten wir ihn erreicht. Es war riskant, unser Auto bei den letzten Häusern der Siedlung zu parken, ein paar Einfamilien- und Bauernhäusern, aber wir hatten keine bessere Möglichkeit gefunden. Kurz nachdem wir ausgestiegen waren, kam eine alte Frau mit einem Kleinkind auf die Straße.

– Grüß Gott, sagte sie freundlich, als sich unsere Blicke kreuzten.

– Grüß Gott.

Wir achteten darauf, freundlich und unverbindlich zu wirken.

– Ja, wer ist denn da, Raphael?, sagte die Alte zu dem Jungen und zeigte auf Elena, Sarah und mich. Mach winke, winke, Raphael.

Wir lächelten den beiden zu und machten uns so schnell wie möglich, ohne gehetzt zu wirken, auf zum Waldrand, wo der Schotterweg begann.

– Du, ein Gelegenheitsarbeiter, sagte Elena. Arbeitest am Bau und als Fahrer für einen Getränkelieferanten. Auch ich habe kein geregeltes Einkommen. Unter keinen Umständen würde man uns ein Adoptivkind überlassen.

Der enge Pfad führte wie eine Waldtreppe über Steine, Wurzeln und lehmige Erde beinahe senkrecht hoch. Wir mussten uns an Baumstämmen und Ästen durch den dichten Gebirgswald hinaufziehen. Bergauf war diese Kletterpartie durchaus machbar, sogar mit Sarah im Gepäck. Selbst wenn wir ausrutschten, fanden wir schnell Halt zwischen den Bäumen. Abwärts hingegen wäre der Weg schwierig gewesen. Vielleicht entschieden wir deshalb, nicht umzudrehen. Abwärts ist es immer schwieriger, das weiß jeder, der in die Berge geht. Diesen Weg hinunterzusteigen wäre unverantwortlich, dachte ich. Ich weiß noch, wie mir dieses Wort in den Sinn kam: unverantwortlich. Doch es war nicht unsere Absicht, dieselbe Route zurück zu nehmen. Südlich der Steilwände des Breitenbergs, die wir rechts von uns zwischen Baumstämmen erkannten, war auf der Karte ein Weg eingetragen, der entlang des Fallbachs in langen Serpentinen durchs Feientobel zurück nach Haslach führte. Diese Route zu finden, hatten wir uns vorgenommen, sobald wir den Höhenweg erreichten, der unweit über uns liegen musste. Vom ursprünglichen Plan, mit Sarah auf den Gipfel des Staufens zu gehen, war ich bereits abgekommen. Schwierig genug war es, die Waldstrecke zu meistern, auf der wir uns befanden.

– Sie würden uns verhaften. Und Sarah wer weiß wohin stecken, sagte Elena.

Der schattige Waldboden war feucht. Beinahe trat ich auf einen kleinen Frosch. Gerade wollte ich ihn Sarah zeigen, da sprang er weg. Ich musste sie zurückhalten, damit sie ihm nicht hinterhersprang.

– Wir müssen Pässe besorgen, sagte ich. Zumindest einen für Sarah, in dem sie als unser Kind ausgewiesen ist. Irgendwelche Ausweise, damit wir zu dritt Europa verlassen können.

An einer Stelle mussten wir einen Fluss überqueren. Ich vermutete, es handle sich um den in der Karte verzeichneten Fallbach. Doch der Fluss, der von der Schneeschmelze viel Wasser führte, hatte sich in so viele Arme ausgebreitet, dass ich nicht feststellen konnte, wo sein eigentliches Flussbett verlief. Rechts von uns erkannte ich an den überhängend ins Tal abfallenden Felsen des Breitenbergs weitere Teile des Flusses, die als tosende Wasserfälle zu Boden stürzten. Welcher Flussarm es auch war, an den wir geraten waren, Sarah hatte ihre Freude mit dem eiskalten Wasser, das glitzerte und sprudelte. Fasziniert steckte sie ihre Finger hinein. Wir rasteten eine Weile. Dann machten wir uns an jenen Anstieg, den ich als letzten Teil der Strecke zum Höhenweg einschätzte.

– Weit kann es nicht mehr sein, so steil wie dieser Weg ist, sagte ich.

Elena ging nicht darauf ein. Unsere Route schien nebensächlich. Elenas Gedanken waren woanders.

– Kennst du jemanden, der das macht?
– Was macht?
– Ausweise fälschen.

– In erster Linie müssen wir einen Pass für Sarah bekommen, sagte ich. Es reicht nicht, Kinder bei den Eltern einzutragen, jeder Mensch braucht einen Ausweis, wenn er über Grenzen kommen will. Wir müssen sie also erfinden. Wir müssen unsere Tochter offiziell erfinden.

Gegen ihren Willen zwängte ich Sarah zurück in den Tragesitz auf meinem Rücken. Ich wollte den mühsamen Aufstieg endlich hinter mich bringen. Sarah quengelte, weil sie eigenständig die wundersame Waldwelt erkunden wollte, aber wir konnten sie auf dem abfallenden Terrain nicht freilassen. Rechts stürzte der Wald in eine tiefe Schlucht, wir durften keinen Ausrutscher riskieren. Sarah jammerte und wackelte unablässig auf meinem Rücken hin und her. So klein sie auch war, ihre Stöße brachten mich aus dem Gleichgewicht, und ich war froh, dass wir bald einen Abschnitt erreichten, der mit in den Fels geschlagenem Drahtseil gesichert war.

– Dann erfinden wir eben eine Tochter, sagte Elena. Geben wir sie in Auftrag.

Sie ging dicht hinter mir und streichelte Sarahs strampelnde Beine, um das immer lästiger werdende Kind im Tragesitz zu beruhigen. Vor mir endete der Weg an einer gut zehn Meter hohen Metallleiter, die senkrecht in die Felswand geschlagen war. Wieder dachte ich ans Umdrehen. Doch den Weg hinabzuklettern, den wir hinter uns gebracht hatten, war keine Alternative.

– Jetzt wird's lustig, sagte ich in aufmunterndem Ton und begann so konzentriert wie möglich mit dem ungehaltenen Kind hinter mir die Sprossen hochzusteigen, eine nach der anderen, immer darauf bedacht, mit der Greifhand festen Halt zu haben, bevor ich weiterstieg.

Sarah war der Spaß an unserem Ausflug vergangen. Festgeschnallt auf meinem Rücken, frei über dem Abgrund hängend, strampelte, weinte und schrie sie. Ich spürte, wie meine Handflächen feucht wurden, und befürchtete, auf den kalten, rutschigen Sprossen nicht genügend Halt zu finden.

– Sch, machte Elena, die dicht hinter uns kletterte. Wir sind ja gleich da.

Ihre Stimme klang wenig überzeugend. Ich wusste, dass

Elena nicht schwindelfrei war, und hoffte, dass sie nicht in den Abgrund schaute, der mit jedem Schritt unter uns wuchs. Ich wollte sie ablenken, aber mir fiel nichts ein, was ich tun oder sagen hätte können. Es blieb uns nichts übrig, als diese Leiter, diesen Pfad, diese Wanderung hinter uns zu bringen. Stoisch kletterte ich weiter. Ab der Hälfte der Leiter verstummte Elena zusehends. Sie muss mich verflucht haben für die Route, auf die ich uns geführt hatte.

– Nur ein paar Sprossen noch, rief ich, als das Ende der Leiter in Sicht kam. Drei. Zwei. Eins. Geschafft!

Alle drei erreichten wir wohlbehalten das Ende der Leiter. Doch uns war nicht nach Feiern zumute. Wir verschnauften unter einer massiven Fichte, die sich aus dem Berg heraus zum Himmel bog. Mir war klar, dass wir einen anderen Rückweg finden mussten.

– Einen tollen Tipp hat dir dein Kollege da gegeben, sagte Elena und blickte in die Tiefe.

Mich würdigte sie keines Blickes mehr. Beinahe war ich froh darüber.

– Er konnte ja nicht wissen, dass wir mit Kleinkind unterwegs sind, sagte ich.

Der Rest des Aufstiegs normalisierte sich allmählich. Ich konnte Sarah vom Rücken nehmen und vor mir tragen, was sie besänftigte. Noch eine Viertelstunde lang führte ein kurviger Pfad durch den Wald hinauf, dann erreichten wir endlich den ebenen Höhenweg. Ich setzte Sarah ab und atmete durch. Es war überstanden. Für einen Moment zeigte sich die Sonne zwischen den Wolken. Mein Chronograph zeigte kurz nach vier.

– Selbst wenn wir jemanden finden, der Pässe besorgen

kann, sagte Elena nach einer Weile. Wie sollen wir das bezahlen? Auch die Reise nach, sagen wir, Südamerika. Wie sollen wir das ganze Geld aufbringen?

Sarah spielte im Matsch am Wegrand. Was wir verhandelten, kümmerte sie nicht, solange sie nicht zurück in den Tragesitz musste, schien sie zufrieden. Elena stand hinter ihr und passte auf, dass das Mädchen nicht über den Abhang rutschte.

– Südamerika ist gut, sagte ich und versuchte, das Thema zu wechseln. Nach Argentinien wollte ich immer schon!

– Auch dort werden wir Geld für einen Neubeginn brauchen.

Hatte Elena nicht immer prophezeit, dass alles gut werden würde? Das Zweifeln, in das sie sich neuerdings fallen ließ, ging mir auf die Nerven. Ich versuchte mich zu beherrschen. Alles, alles war ein schrecklicher Fehler gewesen, dachte ich, auch diese Bergwanderung. Ich wollte jetzt einfach nur nach Hause, zurück in unser Versteck, so schnell wie möglich. Dort war doch alles gut. Niemand war bisher auf uns und unsere Tochter aufmerksam geworden.

– Lass uns weitergehen, sagte ich.

Der Weg nach rechts, den wir nahmen, war nicht markiert, aber er machte einen passablen Eindruck. Wir folgten ihm und hofften, weiter südlich die Hauptader des Fallbachs ausfindig zu machen, an der entlang die leichtere Route zurück ins Tal führen sollte. Links von uns ragte der felsige und bewaldete Gipfel des Staufens empor. Es wäre ein mühsamer Anstieg gewesen, vor allem weil in dieser Höhe noch Schnee lag. Mit Sarah und ihrer Unlust, sich durch die Berge tragen zu lassen, wäre es unmöglich gewesen, den Gipfel zu erreichen. Auch Elena wäre nicht mitgekommen. Also gingen wir wortlos auf dem Höhenweg weiter und drangen in ein abgeschiedenes Gebiet vor, das zwischen all den gekennzeichneten Wanderwegen der Region ein unbeachtetes, ja vergessenes Stück Berglandschaft geblieben war. Ein nicht gekennzeichneter brauner Fleck auf meiner Wanderkarte, ein knapp beschnittenes Plateau zwischen unüberwindbaren Steilhängen, die linkerhand hochragten, und Schluchten, die im Wald zu unserer Rechten ins Tal stürzten. Doch ich vertraute der Wanderkarte, die irgendwo kurz hinter dem Niemandsland, das wir zu durchqueren hatten, eine dünn strichlierte Linie auswies, die zwar in einem großen Umweg, aber verhältnismäßig sicher und flach zwischen den Abhängen ins Tal führen sollte. Die Abzweigung zu dieser Route konnte nicht weit sein, davon war ich überzeugt.

Wir versuchten, so schnell wie möglich voranzukommen. Ich ging voraus, hatte Sarah auf meinen Rücken geschnallt und war von ihrer Zappelei ebenso genervt wie von Elenas latenten Vorwürfen. Sie hielt sich ein paar Schritte hinter mir und ließ mich fühlen, wie sehr sie unsere Wanderung verfluchte. Je mehr Komplikationen sich ergaben, desto mehr schob sie mir die Verantwortung zu. Doch wir hatten gemeinsam entschieden, diesen Marsch zu machen, diese Route zu probieren. Es war eine blödsinnige Entscheidung gewesen, aber es war nicht meine alleinige Schuld. Das würde ich Elena sagen, später, wenn wir zu Hause waren. Vorerst fraß ich die Wut in mich hinein. Ich durfte mich nicht ablenken lassen, musste mich darauf konzentrieren, den Rückweg zu finden. So schnell wie möglich musste ich ihn finden und uns alle heimbringen. Ich versuchte, meine Orientierungslosigkeit zu überspielen. Jede Minute, die wir durch den Wald irrten, schlug sich in einer immer gereizteren Stimmung nieder. Elenas Verachtung mir gegenüber steigerte sich, ich spiegelte sie mit trotziger Wut. Ich wollte kein schlechtes Gewissen haben müssen. Es war nicht meine Schuld. Ich spürte diese Wut in mir hochsteigen, eine furchtbare Wut auf Elena und die Ungerechtigkeit, mit der sie mich behandelte, eine Wut auf das quengelnde Mädchen auf meinem Rücken, auf die Wanderkarte, auf meinen Kollegen, der uns diesen Weg empfohlen hatte, eine Wut auf mich selbst.

Eine Weile war der Höhenweg wenigstens breit und, von umgestürzten Baumstämmen und Pfützen abgesehen, verhältnismäßig gut begehbar. Bald jedoch verlor er sich in einem verwilderten Waldstück und verengte sich zu einem schlecht erkennbaren Pfad. Sarah war endgültig die Lust vergangen, sie jammerte und strampelte in einem fort. Ich musste sie festhalten, damit sie sich nicht aus ihrem Sitz befreite. Elena gab ihr den Schnuller und warf mir vorwurfsvolle Blicke zu. Ich hoffte inständig, dass Sarah nuckelnd in den Schlaf finden würde. Alles wäre dann weniger hektisch gewesen. Doch den Gefallen tat sie uns nicht.

Wir querten weiter Bäche. Sie hätten der Fallbach oder dessen Seitenadern sein können, aber eine Abzweigung ins Tal, wie sie in meiner Karte vermerkt war, ließ sich nirgendwo ausmachen. Der kleine Waldweg, den wir weiter gen Süden absuchten, war an einigen Stellen durch das viele Wasser, das vom Berg ins Tal floss, abgerutscht. Innerlich verzweifelte ich allmählich, aber ich versuchte, mir nichts anmerken zu lassen.

– Jetzt muss er wirklich jeden Moment auftauchen, unser Weg, sagte ich. Da vorne wahrscheinlich, hinter der nächsten Biegung.

Doch einmal mehr täuschte ich mich und konnte keine Abzweigung oder Markierung entdecken.

– Gib mir mal die Kleine, sagte Elena. Ich kann das nicht länger mit ansehen, wie sie leidet auf dir hinten drauf, die Arme.

Als wir eine kleine Lichtung erreichten, nahm ich den Tragesitz herunter und reichte Elena das Kind. Ich bildete mir ein, eine Art Pfad zu erkennen, der rechts von uns abging. Er führte steil abwärts und auf ein felsiges, unübersichtliches Gebiet zu, also wollte ich ihn allein erkunden. Elena sollte mit Sarah bei unserem provisorischen Lager auf mich warten. Auch sie legte ihren Rucksack ab. Ich versprach, mir so schnell wie möglich einen Überblick zu verschaffen und rasch wieder zurück zu sein. Elena nahm Sarah auf die Schulter, und als ich meine Erkundungstour begann, entfernte sich Elena vom Lager und spazierte mit dem Kind ein Stück den Weg weiter, auf dem wir gekommen waren. Ich wollte ihr zurufen, sie solle auf mich warten. Doch bald war ich zu sehr mit meinem eigenen Pfad beschäftigt und verfing mich in einem Dickicht von Dornen, Geäst, Gestrüpp. Unmöglich konnte das der Weg sein, den ich suchte. Nicht nur dass er völlig verwachsen und wohl nie ein Weg gewesen war, auch zielte er geradewegs auf einen Abhang zu, der in eine tiefe Schlucht zu fallen schien. Ich suchte eine Weile herum, dann gab ich auf, drehte um und kämpfte mich durch die Wildnis zurück zu unserem Lager. Als ich es fast erreicht hatte, entdeckte ich Elena ein gutes Stück entfernt zwischen den Bäumen. Es war nicht ersichtlich, ob sie sich auf der Fortsetzung unseres ursprünglichen Wegs befand oder einen anderen gefunden hatte. Vielleicht hatte sie die richtige Abzweigung entdeckt? Ich weiß noch, wie ich das hoffte, hoffte, dass alles gut ausgehen würde.

– Nichts!, rief ich Elena zu, um auf mich aufmerksam zu machen und ihr mitzuteilen, dass meine Suche erfolglos verlaufen war.

Obwohl Elena weit entfernt war, hörte sie mich und drehte sich zu mir um. Sarah saß auf ihrer Schulter und schaute in die Luft, den Schnuller im Mund. Mit beiden Händen hielt Elena die Füße der Kleinen fest.

– Das bringt nichts hier!, rief ich und beeilte mich, zurück zum Lager zu kommen.

Ich suchte Blickkontakt zu Elena, um herauszufinden, ob sie noch genervt von mir war. Gerade als ich ihr ins Gesicht sah und überlegte, ihr noch etwas zuzuschreien, weil sie mich womöglich nicht verstanden hatte, rutschte Elena nach hinten ab, ohne Vorwarnung, von einem Moment auf den anderen. Völlig lautlos. Ohne jegliches Geräusch verschwanden sie aus meinem Blickfeld, die beiden, urplötzlich kippten sie nach hinten weg, Elena mit Sarah auf den Schultern. Kein Schrei, kein Krachen, nichts. Sie mussten selbst zu überrascht gewesen sein, um in irgendeiner Weise zu reagieren. Der Boden hinter Elenas Füßen musste abgebrochen sein und sie aus dem Gleichgewicht gebracht haben. Vielleicht hatte Sarah sich auch ruckartig bewegt und Elena nach hinten gerissen. Vielleicht stießen die zwei einen Schrei aus, ich konnte ihn nicht hören. Einen Augenblick später waren sie nicht mehr da. Schlagartig verschwunden aus meinem Blickfeld, verschwunden aus der Welt.

Auch ich schrie nicht, konnte nicht schreien. Eingefroren war das gesamte Waldstück. Ich hielt die Luft an und glaubte nicht, was ich gesehen hatte, konnte nicht glauben, dass ich die beiden nicht mehr sah, wusste es intuitiv, aber wollte es nicht wahrhaben, wusste, dass nun alles vorbei war.

In den letzten Monaten seit dem Unglück überlegte ich manchmal, ob es besser gewesen wäre, ich hätte die beiden bei meiner Rückkehr zum Lager einfach nicht mehr gefunden. Wären sie abgestürzt, während ich fort gewesen war, hätte ich nicht dieses letzte Bild von ihnen im Kopf, das mich seither verfolgt, dieses Bild, wie Elena, Sarah schulternd, ahnungslos, schuldlos im Wald steht, nicht ahnend, dass sie an einem Abgrund steht, der hinter dem Gebüsch zu ihren Füßen verborgen ist. Ich lenke mit meiner Schreierei ihre Aufmerksamkeit auf mich. Anstatt auf den Boden zu achten, achtet sie auf mich, der ich nichts mitzuteilen habe, außer: Nichts!

Der kleine Pfad, den Elena während meiner Abwesenheit wohl entdeckt hatte und auskundschaften wollte, zweigte keine dreißig Meter nach unserem Lager vom Hauptweg ab, der in jenem Bereich selbst kaum zu erkennen war. Elena mochte in ihrer Verzweiflung darin einen Pfad vermutet haben, der zurück ins Tal führte. Vielleicht aber hatte sie das Lager auch nur verlassen, um Sarah zu beschäftigen. Zwanzig Meter folgte sie dem vermeintlichen Weg, dann hörte sie mein Rufen und drehte sich um. Der Boden unter ihr war aufgeweicht und locker. Nichts deutete darauf hin, wie nah sich Elena an einer Klippe befand. Doch verdeckt von dichtem Gestrüpp und dem Blätterwerk der Bäume, fiel der Pfad, den sie entdeckt hatte, jäh in eine tiefe Schlucht ab, die einen gewaltigen Riss in den überhängenden Felswänden des Breitenbergs darstellte. Ein Tobel, das mitten im Westhang klaffte, ein zehn Meter breiter Einschnitt im Berg, gut getarnt, eine perfide Falle. Kaum zu sehen war der schmale Spalt, denn auf der gegenüberliegenden Seite ging übergangslos dasselbe Farbenspiel aus Bäumen, Felsen, Blättern und Erde weiter, wie überall hier.

Sobald ich mich aus der Schockstarre gelöst hatte, raste ich los. Mein Herz schlug auf mein Trommelfell ein, Hecken, Dornen und Zweige stachen mir in die Haut, als ich mich hoch zum Lager kämpfte, wo unser Rucksack und der abgestellte Tragesitz liegen geblieben waren. Ich verspürte keinen Schmerz. Keuchend rannte ich den Weg entlang und rechts in den Wald hinein. Mein Körper brüllte, und auch ich schrie nun, als hätte das noch einen Sinn. Nein!, brüllte ich. Elena!, so laut ich konnte. Warum ich nicht nach Sarah rief, weiß ich nicht. Es war Elena, die verschwunden war, mit unserem Kind. Als ich den Ort ihres Verschwindens erreichte, stürzte ich selbst beinahe in die Tiefe. Niemand würde an dieser Stelle einen derartigen Abgrund vermuten. Elena musste sich mitten im Wald gewähnt haben. Sie konnte sich der Lebensgefahr nicht bewusst gewesen sein, der sie sich und Sarah ausgesetzt hatte. Ich beugte mich über den Felsrand und brüllte hinunter. Doch ich bekam keine Antwort, konnte weder Elena noch das Kind ausmachen. Ich hielt mich an einer Wurzel fest, die aus der Wand ragte, und beugte mich so weit wie möglich nach vorne. Das wäre meine Chance gewesen, ihnen hinterherzufallen, meinen Lieben nachzustürzen in den Tod. Bis zur Erschöpfung schrie ich den Abgrund an. Schweigen, nichts als Schweigen kam zurück.

Dann robbte ich nach rechts, wo der Abhang in eine Senke überging und weniger steil zur Schlucht hin abfiel. Dort konnte ich ein Stück weit hinunterklettern. Eine Krüppelfichte wuchs schräg aus dem Felshang über den Abgrund hinaus. Mit der linken Hand hielt ich mich an dem vermoosten Baumstamm fest, ohne zu prüfen, wie stabil er war, und streckte mich, so weit ich konnte. So bekam ich einen besseren Einblick in die dunkle, vielleicht fünfundzwanzig Meter tiefe Schlucht und entdeckte die Verunglückten. Elena war weit im Inneren der Spalte aufgeschlagen, Sarah lag seitlich verkrümmt einige Meter rechts von ihr, reglos alle beide. Fassungslos verkrallte ich die Finger im Stamm der Fichte und blickte, ich weiß nicht wie lange, hinab. Elena lag auf dem Rücken, die Augen scheinbar geschlossen. Natürlich konnte ich auf die Entfernung nicht bestimmen, ob sie atmete, aber ich spürte, dass ich mir keine Hoffnungen zu machen hatte. Ein paarmal rief ich ihr noch zu, dann verstummte ich, wie sie.

Mechanisch kletterte ich die auslaufende Senke hinab, bis ich auf diesem Weg den unteren Eingang der Schlucht erreichte. An ihrem äußeren Ende brach der Berg talwärts nahezu senkrecht ab. Ein falscher Schritt, und ich wäre verloren gewesen. Doch mein Kletterinstinkt versagte nicht. Der Bergseite zugewandt stieg ich ohne Verzögerungen in das Tobel ein, von wo aus ich in den Berg hineinkroch, hinein in den Schiefer, der Elena und Sarah verschluckt hatte. Es fühlte sich an, als würde ich in eine Gruft kriechen. Nicht nur Elenas und Sarahs Grab, auch meines. Je tiefer ich in das Tobel vorstieß, desto dunkler, kälter, feuchter wurde es. Den matschigen Felsboden erreichte das Tageslicht nie, mehr Höhle als Schlucht war dieser tödliche Spalt im Hang. Nur wenn ich senkrecht nach oben blickte, konnte ich zwischen verwachsenem Gebüsch das Grau eines Himmels erahnen. Von irgendwo dort oben waren sie gefallen. Vielleicht waren wir die ersten Menschen, die sich in dieses Loch gruben. Ich beeilte mich, so sehr ich konnte, aber es muss zwanzig Minuten gedauert haben, bis ich zerkratzt und zerschunden bei den Toten ankam.

Nun hatte ich absolute Gewissheit. Das machte es weder besser noch schlechter. Nur noch verabschieden konnte ich mich. Also blieb ich im Dreck und in der Dunkelheit neben den beiden Leichen liegen. Blieb liegen wie Elena und Sarah, nur dass ich noch am Leben war und sie nicht. Ich berührte sie nicht. In Hollywood-Filmen werden die Toten umarmt und geküsst. Ich hingegen bohrte mein Gesicht und meine Fingernägel in die Erde und hörte auf zu atmen. Auf unbestimmte Zeit lagen wir drei in der Schlucht. Im Blut, im Schmutz, in unser aller Tod. Dann trieb mich der mir unerklärliche Überlebenstrieb wieder an. Statt reglos liegen zu bleiben und selbst zu sterben, raffte ich mich auf.

Sarah musste auf einem spitzen Felsen aufgeschlagen sein, denn sie hatte, soweit ich es in der Finsternis des Tobels erkennen konnte, eine Platzwunde am Hinterkopf. Näher sah ich nicht hin. Es war zu spät, alles war zu spät. Elena hingegen schien inneren Verletzungen erlegen zu sein. Ihre Hüfte war eigenartig ausgerenkt, und ein Bein stand verdreht vom Körper ab. Speichel, Schaum, Blut oder Erbrochenes, oder eine Mischung aus allem, klebte um ihren halb geöffneten Mund. Schnell wandte ich mich von ihr ab. So durfte ich sie keinesfalls in Erinnerung behalten. Ich musste diesen Ort so schnell wie möglich verlassen. Es war nicht zu ertragen, ich durfte keine Zeit verlieren. Sofort begann ich mit der Arbeit, von der ich eigentlich gar nicht wusste, warum ich sie tat. Ich gehorchte einem inneren Drang. Ohne richtig hinzusehen trug ich Sarahs Körper zu Elena. Ich drehte beide auf ihre Bäuche, Kopf nach unten, legte sie dicht aneinander, ganz fest presste ich Sarah in Elenas Seite hinein. Ich deckte sie mit Elenas rechtem Arm zu, so dass ihr kleiner Körper kaum noch zu erkennen war. Elenas abstehendes Bein gerade zu richten versuchte ich nicht. Ich handelte frei von Gefühlen. Losgelöst von allem Menschlichen. Nie wieder würde ich dem Menschen in mir erlauben dürfen zurückzukehren. Ich hatte eine Arbeit zu verrichten. Musste es hinter mich bringen. Ich war es uns schuldig.

So gut es ging, versuchte ich, mit meinen bloßen Händen die ineinander Verschlungenen zu vergraben. Sie durften nicht frei liegen bleiben. Natürlich konnte ich in dem Felsboden keine echte Grube ausheben, aber alles, was ich in dieser kargen Schlucht an Material zu fassen bekam, schichtete ich über die zwei Leichen, nachdem ich sie so tief wie möglich in den Fels gepresst hatte. Erde, Lehm und Matsch schaufelte ich darüber, Blätter und Nadeln kratzte ich von überall mit meinen blutigen Fingern zusammen. Morsches Holz, Zweige, Äste holte ich rastlos herbei, um die Toten zuzudecken, Steine, Felsbrocken, was immer ich fand, stapelte ich über sie. Ich dachte nicht nach, dachte an nichts, redete nicht, nicht zu ihnen, auch nicht zu mir selbst. Stumm, stur, manisch setzte ich alle Energie daran, Elena und Sarah so gut wie möglich, so schnell wie möglich zu begraben.

Eine Stunde oder länger dauerte es, bis die beiden im dunklen Inneren des Bergs endgültig verschwanden. Nur ein Hügel aus Waldresten blieb übrig von ihnen. Niemand würde sie in dem abgeschnittenen Tobel jemals finden. Eingegraben und mit Geäst und Gestein beschwert, wie ich sie dort hinterließ, konnten höchstens Insekten, Würmer, Schnecken und kleine Nagetiere auf sie aufmerksam werden. Der Wald sollte sie im Lauf der Zeit verwerten, kein Mensch aber durfte sie finden, kein Mensch sie stören, niemand sich fragen, wer sie waren. Wenigstens dafür hatte ich gesorgt: dass sie in Ruhe verwesen konnten und mit dem Berg verwachsen, der nun ihr steinerner Sarg geworden war.

Kurz vor sieben gelangte ich aus der endlosen Finsternis des Tobels wieder heraus und machte mich daran, über die Senke zurück zu unserem Lager zu klettern. Das Waldstück, durch das ich mich nach oben kämpfte, war mittlerweile eine dämmrige Schattenwelt geworden. Immer wieder rutschte ich ab, griff ich ins Leere oder brachen ein Zweig, ein Stamm, eine Wurzel, an denen ich Halt suchte. Ich war völlig allein, so einsam wie nie zuvor in meinem Leben. Wäre ich abgestürzt oder liegen geblieben, niemandem wäre es aufgefallen. Doch ich schaffte es, das Lager zu erreichen.

Rucksack und Trage lagen unverändert an ihrem Platz. Meine Arme und Beine zitterten nun stark, die Hände waren blutverschmiert, meine Jeans und meine Jacke vollkommen verdreckt. Auch wenn ich keine Zeit zum Verschnaufen hatte, lehnte ich mich an einen Baumstamm und versuchte, mich zu beruhigen. Ich musste meinen Körper, der nun löchrig, wie von Luft und Schwäche durchsetzt war, zwingen, mir zu gehorchen. Ich wusste, es kam nur auf mich an. Ich durfte nichts zulassen, nichts. Gerold, du musst raus hier, sagte ich mir vor. Ich redete auf mich selbst ein. Hitotsu, sagte ich. Eine erste Maßnahme war ergriffen. Jetzt raus aus diesem Wald. Mein Geist, so verletzt er war, musste meinen Körper, meine Sinne jetzt beherrschen. Hirokazu Kanazawa war trotz gebrochener Hand erster japanischer Karatemeister geworden. Es gab Momente, da musste man die Unmöglichkeit des Daseins annehmen. Der Unmenschlichkeit ausgesetzt, kann der Mensch Unmenschliches vollbringen. Ich hatte den Zustand größter Unmenschlichkeit erlangt. Alles an mir war von einer kalten Fremdheit ergriffen, die nur der Tod, der Gegenpol des Lebens, ausstrahlen konnte.

Gerold Ebner gab es nicht mehr, und es gab nichts mehr für ihn. Ich warf mir den Rucksack über, nahm den Tragesitz – obgleich ich keine Verwendung mehr dafür hatte, konnte ich ihn nicht zurücklassen – und machte mich zitternd auf den Weg. Ich konzentrierte mich auf meine Schritte. So schnell wie möglich musste ich fort. War es mir weder möglich gewesen, sie zu retten, noch neben ihnen zu sterben, musste ich wenigstens den Rückweg finden, jetzt, wo alles getan war, was zu tun gewesen war.

Nach zwei Kehren stieß ich auf einen Bach. Ich hielt kurz an, ließ mich auf die Knie fallen und wusch mir Gesicht und Hände. Auch die Jacke säuberte ich notdürftig. Meine Hände rieb ich so lange am Kiesgrund des eiskalten Wassers, bis sie taub und steif geworden waren. In der Hoffnung zu erwachen tauchte ich meinen Kopf unter die Wasseroberfläche. Doch ich erwachte nicht aus diesem Albtraum. Auch trinken wollte ich, aber ich bekam keinen Schluck hinunter.

Keine zehn Minuten später traf ich auf die Abzweigung, die wir gesucht hatten. Ein markierter Weg führte rechts ab. Ich schnaufte schwer, einen Moment lang meinte ich, keine Luft mehr in meine brennende Brust pumpen zu können. Ein jeder Gegner ist ebenbürtig, hatte uns unser Sensei gelehrt. Es gab keinen, der zu stark, keinen, der zu schwach war. Keiner war schnell und keiner langsam genug.

Nach einer kurzen Pause ging ich weiter, aber ich drosselte von nun an mein Tempo. Zügig, aber ohne übertriebene Hast, folgte ich dem Weg bergab. Über lange Serpentinen geleitete er mich an den Felswänden vorbei hinunter ins Tal. Ich blickte auf die Abhänge des Breitenbergs, die nun in einiger Entfernung im Halbdunkel zu meiner Rechten lagen. Senkrecht stürzten sie wie grauschwarze, steinerne Wasserfälle in die Tiefe. Im Dämmerlicht waren nur ihre groben Konturen zu erkennen. Doch auch am hellen Tag hätte ich den unscheinbaren Spalt in der Steilwand nicht ausmachen können, wo Elena und Sarah begraben lagen. Meine Beine bewegten sich weiter. Sie gaben nicht auf. Alles geschah von selbst. Ich musste nichts tun. Ich konnte nichts mehr tun.

Zwei Stunden später erreichte ich Haslach. Es war stockdunkel, als ich beim Auto ankam, kein Mensch war auf der Straße. Die Alte mit ihrem Raphael hatte sich längst in eines der umliegenden Häuser zurückgezogen. Mach winke,

winke, Raphael. Ich würde mich ab sofort nicht mehr vor ihnen verbergen müssen. Vor niemandem, denn ich hatte nichts mehr zu verbergen. Trotzdem war es gut, dass niemand sah, wie ich Rucksack und Tragesitz im Kofferraum verstaute. Der Sitz ist heute noch an unveränderter Position im Passat. Eigentlich wollte ich ihn im See versenken, aber ich konnte mich nicht dazu durchringen. Den Rucksack wenigstens habe ich in die Wohnung mitgenommen, geleert und gewaschen, mehrfach gewaschen.

Ich setzte mich, den Zündschlüssel in der Hand, auf den Fahrersitz und schloss die Tür, verriegelte sie. Sofort war ich eingeschlossen in der faradayschen Stille. Bewegungslos blieb ich im Dunkeln sitzen. Nur der entfernte Schein einer Straßenlaterne drang schwach durch die Heckscheibe des Passats. Ich wollte den Schlüssel ins Zündschloss stecken und den Motor starten. Doch ich war zu keiner Handlung fähig. Nur eine Hülle meiner selbst saß am Steuer, hielt sich am Lenkrad fest, bis selbst hierfür die Kraft nicht weiter reichte. Der Autoschlüssel rasselte, als er auf die Fußmatte unter mir fiel. Alles an mir zog die Schwerkraft nun nach unten, nichts hatte ich ihr entgegenzusetzen. Wäre ich gestanden, wäre ich zusammengebrochen. So aber sackte ich auf dem Autositz in mich zusammen und weinte, hörte nicht mehr auf zu weinen, weinte gegen die Schwerkraft an, eine Ewigkeit lang. Meine Beine waren taub, abgestorben wie alles. Mein Herz ein mit Blut gefüllter Ballon. Ich wartete, bis er zerplatzte. Die Finger kribbelten, wie von feinen Nadeln durchstochen. Ich wollte mich übergeben. Ich meinte, endlich nicht mehr atmen zu müssen, und wartete, bis es mich von innen her zerriss. Doch nichts dergleichen geschah. Nur die Dunkelheit und die Stille im Wagen nahmen mich allmählich auf, löschten mich und alles aus, was ich empfand, trugen mich fort, hinaus aus mir selbst, hinein in die Verwaisung. Alles war verloren und gleichzeitig alles geschafft. Nun ging mich nichts mehr an. Allem und mir selbst entfremdet, kauerte ich auf dem Fahrersitz, ausgehöhlt, leer. Stunden vergingen, bis ich zurückkehrte in mich, in Elenas Passat, der immer Elenas Passat bleiben würde, mit Sarahs Sitz im Kofferraum. Dann hob ich den Zündschlüssel vom Boden auf, zielte, drückte den Schlüssel ins Loch, drehte ihn nach rechts.

Das Geräusch des Motors erschreckte mich. Das Licht der Scheinwerfer blendete mich. Nun war ich sichtbar für alle, und alles sichtbar für mich. Die Welt da draußen existierte, als wäre nichts geschehen. Die Scheinwerfer beleuchteten den unbefestigten Straßengraben und einen Bretterverschlag vor mir, eine, wie mir schien, unbenutzte Scheune oder so etwas Ähnliches. Efeublätter wuchsen aus dem Gestrüpp am Straßenrand die Holzwände hoch. Kein Fenster, zum Glück kein Fenster, dachte ich. Ich durfte nicht auffallen. Was hätte ich gesagt, hätte sich jemand um mich kümmern wollen? Für immer wird es unser Geheimnis bleiben. Elena und Sarah sind oben im Tobel, verscharrt in der Vergangenheit. Sie waren im Berg. Ich war im Wagen, das scharfe rote Leuchten des Asphalts in meinem Rücken, als ich beim Ausparken nach hinten auf die unbefahrene Durchfahrtsstraße setzte. Es war an der Zeit, den Heimweg zu Ende zu bringen. Ich achtete darauf, so unauffällig wie möglich zu fahren. Wie in Zeitlupe zogen die Lichtkegel der ländlichen Straßenbeleuchtung am Seitenfenster vorüber. Nacht, nichts als Nacht um mich herum. Und irgendwann ein neuer Tag.

HITOTSU

Ich frage mich, wie viel Zeit wohl zwischen Fertigstellung dieses Schriftstücks und seinem Fund vergehen wird. Welches Datum schreiben wir, jetzt, da Sie es in Händen halten? Wie viele Tage sind vergangen, wie viele Wochen, Monate? Hat es bereits geschneit? Sind Sie allein hier herauf auf den Bocksberg gekommen? Wer außer Ihnen weiß Bescheid? Vielleicht haben bereits andere vor Ihnen die Plastiktüte unter dem Fels entdeckt, sie herausgezogen, hineingeschaut, sie zurück hineingeschoben, entschieden, dass sie das nichts anginge. Was geht uns das Leben anderer schon an? Wer will Verantwortung übernehmen, wer darf, wer muss es tun?

Elena und ich duldeten keine Einmischung in unser Leben. Immer schon – nicht erst seit Sarah – hatten wir Kontakte zur Außenwelt vermieden. Im Nachhinein, als es zu spät für jegliche Korrektur war, dachte ich manchmal, dass dies ein Fehler gewesen war. Vielleicht hätten wir uns mehr auf unsere Mitmenschen einlassen sollen, anstatt ihnen immerzu aus dem Weg zu gehen? In den Monaten nach dem Unglück versuchte ich es. Ich probierte, mich dem zu öffnen, was mir die Umgebung bot, was sie mir noch übrig gelassen hatte, da draußen, weit draußen, zu weit von mir entfernt. Ich dachte, vielleicht würde es mir helfen, Sinn geben. Ich stellte mich dem Rest meines Lebens. Stellte mich Menschen wie Herrn Leitner.

– Riechst du das?, fragte er.

Ich wusste nicht, was er meinte.

– Sag nicht, dass du das nicht riechen kannst!

Herr Leitner sprach mit gedämpfter Stimme. Geheimnisvoll deuteten seinen Augen ins Treppenhaus des Wohnblocks. Er hielt die Wohnungstür auf und ließ mich eintreten. Ich kannte den Weg zur Küche. Oft schon hatte ich ihm Bier ins Haus geliefert. Auch jetzt schleppte ich zwei Kisten Hirter Privat Pils über den Flur und stellte sie auf dem Esstisch der schmalen Einbauküche ab. Diese Biersorte erinnerte Herrn Leitner an seine Heimat. Wann immer er es sich leisten konnte und Abwechslung zu seinen Discount-Bierdosen aus dem Supermarkt brauchte, gab er bei der Getränkefirma eine Bestellung auf. Leise schloss er die Wohnungstür und folgte mir in seinen filzigen Pantoffeln in die Küche. Ich wusste, er würde mich in ein Gespräch verwickeln. Auch deshalb ließ er sich das Bier ins Haus liefern, weil dann jemand kam, mit dem er reden konnte. Heute war ich an der Reihe, Pech gehabt, aber ich hatte ja beschlossen, alles über mich ergehen zu lassen.

Mehrere Wochen hatte ich mich nach dem Unglück krankschreiben lassen. Rückenschmerzen konnte niemand nachprüfen und waren in meinem Job nachvollziehbar, der aus Kistenschleppen bestand. Tatsächlich hatte ich wie die meisten meiner Kollegen ständig Rückenbeschwerden. Die Analgetika, die mir der Arzt verschrieb, schluckte ich in großen Mengen, allerdings nicht für meinen Rücken, sondern in der Hoffnung, mich zu betäuben. In der Firma vermisste mich niemand. Der verregnete Frühsommer machte die Kunden nicht durstig, und meine Kollegen waren froh, meine Schichten zu übernehmen. Wochenlang verbarrikadierte ich mich in unserer Wohnung. Ich spülte die Pillen mit billigem Wein hinunter. Nachts schluckte ich Schlaftabletten und kam trotzdem kaum zur Ruhe. Manchmal hörte ich Elenas und Sarahs Stimmen aus der Küche, aus dem Bad. Ich machte mir nichts vor, ich wusste, dass sie nicht echt waren, trotzdem redete ich, zuerst unbewusst, dann immer wissentlicher mit ihnen. Ich entschuldigte mich. Es tue mir leid, dass die Erkundung meines Pfades so lang gedauert habe. Ich wollte dich nicht mit der Kleinen allein lassen, Elena, sagte ich. Ich wollte dich nicht ablenken, als du mit ihr am Abhang gestanden bist. Ich konnte doch nicht ahnen. Ja, es war meine Idee. Der Vorschlag meines Kollegen. Eine kaum bekannte, ungefährliche Route. Er wusste nicht, dass wir ein Kind haben. Niemand wusste es.

– Das sind die Neger, die so riechen, sagte Herr Leitner.

Er stand nun neben mir in der Küche.

Irgendwann verbot ich mir das Gespräch mit den Toten und entschied, das Sprechen mit den Lebenden zu versuchen. Was immer sie sagten, ich wollte ihnen zuhören. Auch wenn ich weiterhin, bis heute, mit den Toten dachte.

– Setz dich. Ich schenk uns einen Obstler ein.

Allem versuchte ich mich zu stellen, auf alles wollte ich mich einlassen. Vielleicht würde ich so zurück in die Normalität finden, was immer das hieß.

Herr Leitner stellte die Schnapsflasche und zwei kleine Gläser auf den Tisch.

Hin und wieder war ich auf Menschen gestoßen, die Trugbildern erlaubten, ihre Wirklichkeit zu ersetzen. Sie sahen, was andere nicht sahen, unterhielten sich mit Chimären. Sie betrogen sich. Das wollte ich nicht. Ich wollte der Welt, die untergegangen, und jener, die mir geblieben war, in die Augen schauen. Ich war nicht wie Mutter, die an Märchen glaubte. Elena und Sarah würden verschwunden bleiben wie der Großvater, wie Guido, Peter, Sascha oder der alte Herr Gufler. Wenn ich zu ihnen sprach, sprach ich zur Luft. Ich wollte nicht bis an mein Lebensende zur Luft sprechen.

– Das ist Negergeruch, sagte Herr Leitner, während er uns einschenkte und sich zu mir setzte.

– Nur einen Kleinen bitte. Ich muss ja noch Auto fahren.

– Papperlapapp. Als ich so alt war wie du, da hab ich nach zehn Gläsern noch fahren können. Beim Militär haben wir Schnaps aus Limogläsern gesoffen.

Ich leerte mein Glas nicht in einem Schluck, sondern nippte vorsichtig daran.

– Nicht schlecht, sagte ich und gab vor, den Selbstgebrannten zu genießen.

– Letzte Woche sind sie im ersten Stock eingezogen. Nichts als Scherereien haben wir mit ihnen, mit ihrem Dreck, mit ihrem Lärm. Zweimal hab ich schon die Polizei geholt. Das werde ich so lange tun, bis sie Ruh geben.

Herrn Leitners Obstler schmeckte außergewöhnlich scharf. Jeder Schluck bedeutete eine Überwindung. Herr Leitner aber schien sich daran gewöhnt zu haben.

– Der Mief stört mich am meisten. Ein süßer, fauliger Geruch. Heftet sich überall an. Wie verdorbenes Fleisch und Gewürze und was weiß ich, was die ausdünsten, die Männer, die Frauen, ihre Kinder auch. Nicht einmal grüßen tun sie mich. Bei uns wird gegrüßt, sage ich, aber sie starren mich nur an.

– Europäer stinken auch, sagte ich.

Ich musste irgendetwas sagen. Wer mit seinen Mitmenschen kommunizieren wollte, musste irgendetwas sagen. Irgendwie musste ich hier rauskommen.

– Vielleicht, wenn sie sich wochenlang nicht waschen, sagte Herr Leitner.

– Hat ein Kollege am Bau mal gemeint, ein Chinese.

– Ein Chinese am Bau! Sind die nicht zu schwach für so eine Arbeit?

– Er war ein guter Maurer.

– Ein Maurer, na klar, was sonst.

– Er meinte, dass ihn der Geruch von uns Europäern entsetzt. Im Aufzug neben uns kam er sich vor wie in der Molkerei. Wie Babys, sagte er, riechen wir, nach Milch aus den Poren, von all dem Käse und den Milchprodukten, die wir zu uns nehmen.

– Ich trinke keine Milch.

Herr Leitner war zuhören nicht gewohnt. Er war es, dem zugehört werden sollte, denn er hatte Geschichten zu erzählen. Bloß hatte er niemanden, der ihm zuhören wollte. Ich wusste nicht viel von ihm, nur dass seine Frau ihn vor Jahren verlassen hatte und auch seine Söhne gegangen waren. Eines seiner Kinder war früh gestorben. Eines hatte sich umgebracht, hieß es. Manchmal konnte man abends Herrn Leitner sehen, wie er in der türkisen Ballonseide seines Trainingsanzugs auf dem Balkon stand und vor der untergehenden Sonne salutierte.

– Milchpulver verwende ich, sagte er. Das ist besser, billiger. Hält länger. Hab ich der Hedi immer gesagt. Aber nein, die musste ja auf ihrer Kondensmilch bestehen!

Herr Leitner schenkte sich einen zweiten Schnaps ein. Schützend hielt ich die Hand über mein Glas. Solange ich jemanden wie Herrn Leitner aushalten konnte, nahm ich mir vor, konnte ich es auf der Welt aushalten. Wer ihn ertrug,

ertrug die Welt. Jetzt aber hatte ich andere Lieferungen zu tätigen. Eine jede kam mir gelegen.

HITOTSU

Marco, der Wirt des Ausschanks am Fußballplatz neben der Siedlung, grüßt mich freundlich, als ich die wöchentliche Getränkebestellung abliefere und mit den Bierkästen in der Tür stehe. Ich versuche, die Freundlichkeit zu erwidern. Das Training der Jugendmannschaft ist beendet, die Spieler sind heimgegangen, nur Marcos Sohn sitzt noch im Vorraum und blättert in einem Pornomagazin. Auch er grüßt mich kurz, scheint ein netter Kerl zu sein, vielleicht auch nicht, ein frühpubertärer Junge halt, verwirrt und egozentrisch wie seine Alterskollegen.

– Ah, der Nachschub ist da, sagt sein Vater, als er mich erblickt. Das ist gut, denn Durst haben wir immer, gell, Sandro, vom Trainieren.

Der Junge, vertieft in seine Lektüre, nickt zustimmend und schnurrt kurz, sieht aber nicht auf. Im Vorübergehen erkenne ich in seinem Heft das Bild einer Blondine, die sich, mit gespreizten Beinen und nichts als einer Sonnenbrille bekleidet an einem Strand sitzend, einen Dildo einführt.

– Nach dem Training gehen die Jungs saufen, sagt Marco, während er mir hilft, die Bierkisten Richtung Ausschank zu tragen. Das haben wir nicht anders gemacht. Und wenn man älter wird, darf man saufen gehen, auch ohne vorher trainiert zu haben!

Marco lacht. Vielleicht sollte ich auch lachen. Stattdessen

aber überlege ich, ihn darauf anzusprechen, ob Sandro, den ich auf höchstens dreizehn Jahre schätze, nicht etwas jung für das Pornoheft sei.

Marco stellt einen Kasten Bier auf dem Tresen ab und atmet tief durch. Als hätte er meine Gedanken erraten, beginnt er sich zu rechtfertigen.

– Da waren wir nicht anders in dem Alter, sagt er und deutet auf seinen Sohn, wieder lachend.

Es ist, als könne Marco keinen Satz sprechen, ohne ihn mit einem Lachen abzurunden.

– Und auch als verheirateter Mann bleibt das ja so, fährt er fort, ohne Zustimmung oder Widerspruch von mir abzuwarten.

– Ich sag immer, sagt Marco, etwas leiser und mir zugewandt jetzt: Draußen holen wir uns den Appetit – gegessen wird daheim.

Und wieder lacht er.

– Wenn du verstehst, was ich meine!

Ich verstehe nicht ganz, aber das sage ich nicht. Möglichst rasch will ich die bestellten Getränke entladen und weiterkommen. Marco aber hat es weniger eilig. Geruhsam lehnt er am Tresen und erwartet offensichtlich, dass auch ich eine Pause einlege.

– Du bist doch verheiratet, oder?, fragt er und klopft mir kollegial auf die Schulter.

– Nein. Noch nicht, sage ich.

– Du Glückspilz!, sagt Marco, lacht.

Auch ich lache hölzern. Es ist höchste Zeit.

– Aber eine Freundin wirst du wohl haben?, fragt Marco.

– Ja, doch.

– Wie heißt sie?
– Elena.
– Elena? Schöner Name.
– Ja. Danke. Wie heißt deine Frau?

Statt mir eine Antwort zu geben, geht Marco nun direkt zum Lachen über, als wäre meine Frage völlig absurd gewesen.

Einmal habe ich seine Frau gesehen. Sie stand am Ausschank neben Marco hinterm Tresen. Wie ein Berg stand sie da, wasserstoffblond, kräftiger, stämmiger als der gesamte Fußballverein zusammen, Sandros kleinen Bruder auf dem Arm, während sie ausschenkte.

– Ich weiß schon, dass sie Sonja heißt, sagt Marco nach einer Weile. Aber so nenne ich sie nie.
– Warum?, frage ich.
– Ja, weil ich natürlich *Mama* zu ihr sage. Seit Sandro auf der Welt ist, hab ich mir das angewöhnt.
– Mama?
– Klar. Und sie nennt mich *Papa*. Das macht man so, wenn man Kinder hat. Du hast wohl keine?
– Nein.
– Schade. Du solltest dir welche zulegen!

Marco lacht.

– Ja, das sollte ich, sage ich.
– Aber lass dir ruhig noch Zeit.
– Ja, sage ich.
– Eigentlich wollte ich, dass Sonja mich nicht *Papa*, sondern *Dad* nennt, weißt du, oder *Daddy*. Das sagen die Kids. Das klingt wie im Fernsehen, finden sie gut, find ich auch gut. Also nicht nur, wenn die Kids in der Nähe sind, auch

sonst soll sie mich ruhig so nennen. Aber die Sonja kann es sich nicht angewöhnen. Die tut sich ein bisschen schwer beim Denken, weißt du. Das ist nicht jedermanns Sache.
– Was?
– Das Denken. Das Hirn ist ja auch ein Muskel. Den muss man auch trainieren. Manchmal krieg ich richtiggehend Hirnmuskelkater, wenn wir die Abrechnungen, Inventarlisten und den ganzen Scheiß hier machen müssen. Danach ist Entspannung angesagt, du weißt schon.
– Ich weiß, ich nicke, fast unmerklich, lächle verkrampft. Eigentlich lächle ich nicht und nicke ich nicht. Auch wissen tu ich nicht.

Später bietet Marco mir ein Bier an.
– Nach getaner Arbeit, sagt er.

So schwer es Ihnen vielleicht fällt, sich in ein Insekt hineinzudenken, so schwer fällt es mir, mich in unsere Mitmenschen hineinzudenken.

HITOTSU

Hotze war der einzige Kunde, den ich in der Südtirolersiedlung hin und wieder belieferte. Obwohl er ungefähr in meinem Alter war, kannte ich ihn nicht von früher, er war ein Zugezogener, woher, weiß ich nicht, von irgendwo aus dem Oberland, nehme ich an. Er wohnte am Anfang der Meraner Straße, und doch wusste er nichts von den Meranos, die sich früher hier herumgetrieben hatten – gleich wie ich nichts von den heutigen Banden wusste, die in der Siedlung herrschten.

Hotze war vom vielen Kiffen so träge, dass er es tunlichst vermied, vor die Tür zu gehen, und sich alles, was er zum Leben benötigte, in die Wohnung liefern ließ. Von mir bekam er Bier, Orangensaft und Mineralwasser. Seine Haut war grau und trocken, und durch die Schuppenflechten auf seinen unrasierten Wangen wirkte es, als würde er sich wie eine Schlange häuten. Hinter der Eingangstür seiner Wohnung stapelten sich Pizzakartons und Leergut, und aus dem abgedunkelten Wohnzimmer drang der Qualm von Wasserpfeifen.

– Setz dich, sagte Hotze, nachdem ich die Flaschen in seinem Wohnzimmer, das mich an Guidos Wohnzimmer erinnerte, abgestellt hatte.

Ich überwand mich, seiner Einladung nachzukommen, und nahm mir vor, ihm ein wenig Gesellschaft zu leisten. Lang aber blieb ich auf seinem Sofa nicht sitzen, bald schon meinte Hotze, er müsse mir etwas zeigen. Vom Wohnzimmer führte eine halboffen stehende Tür zu seinem Schlafzimmer. Dort öffnete Hotze nie die Rollos und lagerte, wohl wie alle Kleindealer der Gegend, Haschischvorräte unter seinem Bett. Doch das war es nicht, was er mir zeigen wollte.

Der ätzende, chemische Geruch, der mir zuvor bereits aufgefallen war, wurde im Schlafzimmer fast unerträglich. Wie selbstverständlich besprühte Hotze die Ecken des Zimmers mit einem Raumspray. Ein Nebel aus exotischen Früchten sank auf uns herab.

– Eine Dunkelkammer?, fragte ich. Bist du Fotograf?

Im Schein einer gedimmten roten Glühbirne, die schmucklos von der Decke hing, hatte ich eine Plastikwanne entdeckt, die wenige Zentimeter tief mit Lauge gefüllt war.

– Viel besser, Mann, sagte Hotze. Nix 2-D. 3-D!

Er deutete auf einen Glasschrank, der dem Bett gegenüber aufgestellt war. Hier lagerte Hotze eine sorgfältig sortierte Sammlung von kleinen gräulich schwarzen Figuren, Hunderte gebogene, verkrümmte, misslungene Gebilde.

Teils hatten sie Ähnlichkeit mit bestimmten Tieren, einem Hund, einem Rochen, einer Schlange vielleicht, teils waren sie nicht mehr als eine verformte Kugel oder einfach nur ein dreidimensionaler Klecks. Am ehesten erinnerten sie mich an Miniaturnachbildungen vom Himmel gefallener schwarzer Wolken. In der schummrigen Beleuchtung war es unmöglich einzuschätzen, um wie viele Figuren es sich handelte, auch weil sie aus mir nicht ersichtlichem Grund teils übereinandergestapelt oder auch ineinander verschlungen waren.

– Cool, was?, fragte Hotze.

Es fiel mir schwer, seine Begeisterung für diese formlosen Dinger zu teilen.

– Ich mache sie selbst.

– Habe ich mir fast gedacht.

– Jede Woche eine Skulptur.

– Skulptur?

– Manchmal auch mehr. Je nachdem, wie viel Zeitungspapier ich bekomme. Ich hol es unten aus dem Altpapiercontainer. Jede Nacht schleiche ich runter und schau nach, was es zu holen gibt.

– Pappmaché?

– Kein Pappmaché, Mann. *Ink Art!* Ich nenne es *Ink Art*. Wenn ich tausend Objekte zusammenhab, mach ich eine Ausstellung. Ich hab schon einige Galerien angeschrieben.

Vor allem in der Schweiz. Dort kann man ja am meisten verdienen.

Ich war mir nicht sicher, ob es Hotzes Ernst war oder nicht. Wollte er wirklich diesen Dreck ausstellen und verkaufen?

– Ich lege einzelne Seiten der Zeitungen in die Wanne, erklärte er. Drei Stunden müssen sie in der Lauge liegen, besser fünf, dann hat die Flüssigkeit dem Papier die Druckerfarbe entzogen. Das leere, ausgesaugte Papier nehme ich heraus und schmeiß es weg. Im Laugenbad bleiben die Rückstände der Druckerschwärze zurück. Das, was vorher Bilder und Texte waren, Nachrichten aus aller Welt, treibt dann als dunkler Nebel in meiner Wanne. Ich fische es mit einem feinen Sieb heraus und pappe alles zu einem Klumpen zusammen. Jeden Tag ein neuer. So wird aus dem Geschehen eines jeden Tages eine Skulptur. Was du in diesem Schrank siehst, ist sozusagen mein Tagebuch und das Tagebuch der Weltgeschichte. Es ist in Form geknetete Weltgeschichte!

Ich war durchaus von Hotzes Schaffen beeindruckt. Nicht vom Ergebnis seiner Arbeit, aber von der Ausdauer und Leidenschaft, mit der er sich diesem Hobby hingab. Etliche Jahre musste er bereits damit verbracht haben, die Druckerschwärze der Zeitungen in dreidimensionale Gebilde zu verwandeln.

– Doch damit nicht genug, sagte Hotze. Befeuchtet lässt sich das Zeug immer wieder neu formen und zusammensetzen. Eines Tages, wenn ich genug Material extrahiert habe, will ich all diese Tagesfiguren vermengen und mich selbst in Lebensgröße nachbauen! All die Skulpturen, die Tinte Abertausender Zeitungen, die Berichte, Fotos, Annoncen und Aktienkurse der Menschheit, alles wird in einer Figur vereint, in mir selbst! Meine Epoche wird zu mir. Alles, was jetzt geschieht, heute, gestern, morgen, es fließt in mich und wird eines Tages mein Ebenbild ergeben!

Dem war nichts hinzuzufügen. Eine Weile standen Hotze und ich vor dem Glasschrank, wortlos, reglos.

– Da hast du aber noch einen langen Weg vor dir, sagte ich, als ich das Gefühl hatte, nicht länger stehen zu können.

– Zeit spielt keine Rolle, sagte Hotze. Wer eine Vision hat, hat keine Eile, denn er ist ja bereits aufgebrochen, um ihr zu folgen. Hast du denn nichts, was du in deinem Leben erschaffen willst? Nichts, was du hinterlassen willst?

Ich wusste nicht, ob es meiner Antwort bedurfte. Also entschied ich zu schweigen.

– Vielleicht kommt das noch, sagte Hotze plötzlich.

Unvermittelt drehte er sich Richtung Wohnzimmer. Die Führung war beendet.

– Du musst dich ganz dem Kosmos öffnen, sagte er, als er mich zurück zur Wohnungstür geleitete. Dich ihm hingeben. Dann gibt er dir etwas zurück. Er zeigt dir, was du tun musst. Jeder hat seine Bestimmung. Du musst sie nur erkennen und entscheiden, ihr zu folgen.

Hotze sprach mantrisch auf mich ein, und doch wirkte es, als würde er meine Gegenwart kaum wahrnehmen. An der Wohnungstür angekommen, verharrte er lange mit der Hand an der Türschnalle. Ich hoffte, er würde sie drücken und den Weg für mich freigeben. Doch er hörte nicht auf zu reden.

– Schau mich an, sagte er. Früher kannte ich *Ink Art* nicht einmal. Heute ist mein Leben ein Kunstwerk! Und auch du, wenn du irgendwann in die Zeitung kommst, dann wirst du ein Teil von mir, ein Teil des Gesamtkunstwerks. Warst du schon mal in der Zeitung? Ein Foto vielleicht?

– Ich glaube nicht, nein.

– Das kommt dann noch. Jeder kommt irgendwann in die Zeitung. Spätestens mit seiner Todesanzeige. Wann immer du verewigt wirst, das weißt du jetzt, du wirst in mir verewigt werden!

Fast feierlich entließ Hotze mich mit diesen Worten aus der Wohnung. Ich verabschiedete mich, bedankte mich, ich wusste nicht genau, wofür, und sah zu, zurück zum Lieferwagen meiner Firma zu kommen.

HITOTSU

Am 8. Juni überwinde ich mich. Genau einen Monat nach dem Unglück will ich erneut die Stelle aufsuchen, wo es geschehen ist. Ich stelle den Wecker auf halb fünf, setze mich in der Morgendämmerung in den Passat und fahre nach Haslach. Es ist ein Freitagmorgen, ich will dem Stoßverkehr zuvorkommen. Das Wetter ist gut, tagsüber könnten mir selbst auf dieser unbekannten Route zum Staufen Wanderer begegnen. Das muss ich vermeiden. Niemanden will ich sehen. Niemanden geht es etwas an. Es ist unser Tag.

Der Platz bei der Scheune ist frei. Ich könnte das Auto wieder dort parken, aber ich entscheide, es näher beim Brunnen abzustellen, hinter dem der Schotterweg direkt in den Wald führt. Die Alte und Raphael sind nicht auf der Straße. Ich überlege, ob sie mich wiedererkannt hätten. Gut möglich. Vielleicht hätten sie sich gewundert, wo meine Frau und Tochter waren. Sind Sie heute allein unterwegs? Raphael müsste nicht winke, winke machen, weil ja kein Kind bei mir ist. In den kleinen Fenstern der Bauernhäuser am Straßenrand brennen vereinzelt Lichter. Beim Brunnen fülle ich meine Wasserflasche. Dann marschiere ich ohne Verzögerung in den Wald. Ich komme zügig voran. Bewusst hebe ich meine Beine bei jedem Schritt an, um an keiner Wurzel hängen zu bleiben, ebenso fokussiert setze ich die Füße wieder auf dem Boden ab, um an keinem Stein oder Tannenzapfen abzurutschen. Meine ganze Aufmerksamkeit gilt dem Anstieg. Ich gehe, um den Berg hinaufzukommen. Der Weg ist nicht das Ziel. Ich folge nicht wie Hotze einer Vision, sondern erledige eine Pflicht. Mein Ziel ist das Tobel, wo ich Elena und Sarah einen Monat zuvor verscharrt habe. Ich nähere mich ihnen mit jedem Schritt. Pausen würden mich zum Sinnieren verleiten, also pausiere ich nicht, nur hin und wieder halte ich kurz an, schnaufe durch, marschiere weiter. An den Drahtseilen, die die gefährlichsten Abschnitte des Aufstiegs sichern, ziehe ich mich förmlich hoch. Meine Arme verrichten die Hälfte der Arbeit. Es strengt mich an, und ich mag, wie es mich fordert, wie der Aufstieg mich einnimmt. Ich beginne zu schwitzen, zuerst am Rücken, dann auch auf der Stirn.

Nach weniger als einer Stunde erreiche ich die Leiter. Noch auf dem Waldboden stehend, die rechte Hand an einer der nasskalten Sprossen, bereit, mich hochzuziehen, verharre ich, ohne dass es meine Absicht wäre. Es fällt mir zuerst gar nicht auf. Anstatt hinaufzuklettern, gebe ich mich einer ersten Erschöpfung und den Erinnerungen hin, die mich überfallen. Ich weiß, sie werden kommen, müssen kommen, es ist wichtig, deswegen bin ich hier, aber dennoch sträube ich mich, kämpfe ich gegen sie an, gewinne eine erste Schlacht. Ich steige in die Leiter ein. Ein Schritt, zwei Schritte, fünf Schritte, in jedem von ihnen Wut, Schmerz, Trauer, Angst. Es fühlt sich an, als hinge Sarah auf meinem Rücken, schwer wie die Erinnerung. Ich ziehe sie die Leiter hoch. Der Wald um mich herum. Vorhin habe ich ihn kaum wahrgenommen, jetzt fällt er mir auf, jetzt will er, dass ich ihn sehe. Feindlich wirkt er, die Bäume am Abhang neben mir, Sträucher, Büsche, sie sind Gegner, nie vorher habe ich sie so gesehen. Doch nun, wie ich hier so neben ihnen auf der senkrechten Leiter hänge, starren sie mich an, stumm, gefühllos. Es ist lächerlich, ihnen die Schuld zuzuschieben, aber ich tue es. Ich gebe allen Lebewesen die Schuld, die ich mir gebe. Ich schreie die Pflanzen an, weil sie sich anschreien lassen und ich Marco, Herrn Leitner, Hotze nicht anschreien kann. Auch Elena, Sarah, mich selbst nicht. Auch meine Mutter nicht oder Sarahs leibliche Eltern, die alle dazu beigetragen haben, dass ich jetzt hier allein auf dieser Leiter hänge. Auch die Seeigel in Sausset und der viele Wein dort tragen Schuld. Sonst wären wir an Valence vorbeigefahren.

Etwas aus mir heraus schreit die ganze Welt an, weil es die Stille nicht erträgt und jetzt laut sein muss. Ich zittere heftig, keuche, huste, spucke. In der Mitte der Leiter rutsche ich beinahe ab und hämmere mit der Faust auf eine Sprosse ein. Zum Glück befindet sich außer mir kein Mensch in diesem Waldstück. Es war richtig, so früh aufzubrechen. Die Bäume schlucken den Lärm, schlucken meine Wut. Ich könnte abspringen, an ihren Ästen vorbei in die Tiefe springen, möglichst weit hinunter, den felsigen Abhängen zu meiner Linken entlang, mit dem Kopf voraus. Ich könnte es versuchen, aber ich tue es nicht. Allmählich bekomme ich mich wieder unter Kontrolle und werde stumm wie der Wald. Ich klettere weiter, Sprosse für Sprosse. An der obersten drehe ich mich talwärts. Ich will sehen, wer mich beobachtet. Ob da irgendjemand ist. Ich sehe, wie frisches Morgenlicht in unzähligen Schichten schräg den schattigen Wald durchschneidet. Die Luft dampft. Ich erkenne, wie sich alles bewegt, wie alles sich verschiebt. Es gibt kein Anhalten. Ich betrachte das Moos, den Efeu, Schwämme und Flechten, die alles überziehen, den Farn, die Schachtelhalme, die Blüten des Bärlauchs. Auch wenn alles falsch ist, wie es ist, muss es dennoch eine Richtigkeit haben. Muss. Muss.

Irgendwann lasse ich die Leiter hinter mir und setze den Aufstieg zum Höhenweg fort. Sarah freute sich, als ich sie am Höhenweg endlich absetzte. Sie spielte am Wegrand. Dann gingen wir, gehe ich den ebenen Weg weiter in südlicher Richtung.

Am frühen Vormittag erreiche ich die Stelle, wo Elena und ich unser Lager aufgeschlagen und uns getrennt haben. Ich lege den Rucksack ab. Wie einen Monat zuvor. Ich nehme nicht den Irrweg, den ich allein zu erkunden entschied, sondern folge dem unkenntlichen Pfad, den Elena Sarah schulternd nahm. Ich folge ihnen, ganz langsam jetzt. Ich schleiche durch den Wald. Ich habe Angst, nicht dass ich selbst abstürzen könnte, sondern Angst, dass die beiden auftauchen, plötzlich vor mir stehen könnten, sich umdrehen zu mir, mich anschauen, nach hinten wegkippen.

Alles ist jetzt noch üppiger überwuchert als vier Wochen zuvor. Wüsste ich nicht, wie nah ich mich am Abgrund befinde, würde ich unter dem Gestrüpp die Klippe übersehen. Vorsichtig beuge ich mich vornüber, halte mich an einem Ast fest, blicke hinunter in das Tobel. Nichts, rein gar nichts ist zu erkennen, das auf das Unglück hinweisen würde. Unter mir scheinbar unberührte Natur, schroffe Felsen, Laub und Nadelbäume, Sträucher, die überall empordrängen. Von Vegetation durchsetztes Gestein. Die tief abfallende Schlucht eines wilden Bergwalds. Nur ich kenne ihr Geheimnis.

Behutsam klettere ich den auslaufenden Abhang hinunter zum äußeren Eingang des Tobels. Ein paar Meter krieche ich auf dem Schattenboden in die Schlucht hinein. Dann halte ich an. Ich muss nicht weiter. Nein. Niemand außer uns ist in diesem Tobel gewesen. Ich muss mich dem Grab nicht nähern. Ich drehe um. Darf umdrehen. Ich weiß, dass der Verwesungsprozess, die Witterung, die Tiere des Waldes die Leichen schon zu großen Teilen entsorgt haben werden. Der Berg frisst sie auf. Auch wenn ich noch Spuren von ihnen entdecken würde, welchen Nutzen hätte es? Ich weiß, sie sind in Sicherheit. Mehr muss ich nicht wissen.

Ich krieche zurück ins Tageslicht. Ich steige aus dem Tobel. An den senkrechten Klippen des Breitenbergs vorbei klettere ich zurück zu meinem Rucksack. Werfe ihn mir um. Kurz bleibe ich beim Lager stehen, blicke mich um, ob alles in Ordnung ist. Sie sind gut aufgehoben hier, sage ich mir. Jeden Monat will ich wiederkommen. Bei jeder Witterung, in jeder Verfassung, am 8. des Monats werde ich zurückkehren. Und ich werde meine Besuche zählen. Hitotsu, sage ich, spreche ich zum Wald. Dann breche ich auf.

An der Stelle, an der der Bach den Weg quert, tauche ich meinen Kopf ins eiskalte Wasser. Zehn Minuten später erreiche ich die Abzweigung. Ich drossle mein Tempo und folge dem markierten Weg hinunter ins Tal. Golden leuchtende, steinerne Wasserfälle zu meiner Rechten. Es ist Mittag, als ich Haslach erreiche und den Motor des Passats starte.

HITOTSU

– Hallo Mama, sagte ich in den Hörer.
Es erschien mir sicherer, Mutter anzurufen, anstatt sie in der Salurner Straße zu besuchen.
– Gerold! Endlich meldest du dich wieder einmal.
– Ich hab viel zu tun im Moment, sagte ich. In der Firma, du weißt ja, und auf einer Baustelle im Oberland habe ich auch zu arbeiten begonnen. Aber wenigstens gratulieren will ich dir.
Letzten Freitag, am 5. Oktober, drei Tage vor meinem fünften Gang zu Elenas Absturzstelle, war Mutters Geburtstag. Ich hatte das Bedürfnis, ihre Stimme zu hören. Sehen lassen aber wollte ich mich nicht, wer weiß, vielleicht wäre ihr etwas aufgefallen, schließlich ist sie meine Mutter.
– Das ist gut, wenn du Arbeit hast, sagte sie.
– Ja.
– Hast ja nicht immer was gehabt.
– Ach, doch.
Am Vortag, als ich mir sicher war, dass Mutter außer Haus war, hatte ich ihr eine Flasche Lagreiner auf den Küchentisch gestellt. *Alles Gute*, hatte ich auf einen Zettel daneben

geschrieben. Obwohl es wie immer aufgeräumt und sauber war, hatte es in der Wohnung nach Resten gerochen, nach Hinterbliebenem, nach Rückständen.
– Danke für den Wein, sagte Mutter.
– Gern geschehen.
Für gewöhnlich klafften am Telefon noch größere Löcher in unseren Gesprächen, als wenn wir zusammensaßen. Diesmal kam es mir gelegen, denn die Löcher gewährten mir Unterschlupf. Ich konnte mich darin verstecken, konnte einfach nicht antworten, wenn ich nicht wollte, ohne mich rechtfertigen zu müssen. Nur aussetzen musste ich, dem Rauschen in der Leitung das Reden überlassen, dann wechselte Mutter für gewöhnlich das Thema.
– Ein Mann soll nicht von seiner Frau leben, sagte sie.
– Wir regeln das schon.
– Von seiner *Freundin* leben, muss ich sagen.
– Elena und ich sind jetzt bald zwanzig Jahre zusammen!
– Aber verheiratet seid ihr nicht.
Wahrscheinlich war es ein Fehler anzurufen. Ich konnte schließlich nicht ständig schweigen, wenn ich mich bei Mutter meldete, alles wegschweigen. Doch es gab auch nichts, was ich ihr hätte erzählen können.
– Kalt wird es langsam, sagte Mutter.
– Ja schon.
– Ich hab die Heizung aufgedreht.
– Wir nicht.
– Letztes Jahr konnte man an meinem Geburtstag noch baden gehen.
– Stimmt.
– Aber irgendwann wird der Winter schon kommen.

– Sicher, sagte ich. Ist ja erst Anfang Oktober.

In gewisser Weise war es tröstlich, wie wir miteinander redeten, ohne etwas zu sagen. Es zeigte mir, dass ich nicht allein war mit meinen Schwächen. In Ansätzen versuchte Mutter sich zu öffnen, aber wieder und wieder scheiterte sie. Selbst mit ihrem eigenen Sohn war es ihr nicht möglich, eine Beziehung zu führen.

– Wie geht es Elena?, fragte sie nach einer Weile. Habt ihr's gut?

– Alles gut, Mama. Alles okay.

– Das ist schön.

– Es tut sich ja nicht viel in unserem Leben.

– Ich sag es ja, ihr solltet heiraten und Kinder kriegen, sagte Mutter. Dann sieht alles anders aus.

HITOTSU

Seit gut fünf Monaten ist Elena Schertler nun verschwunden. Bald werden die Behörden wissen wollen, was mit ihr passiert ist. Sie werden in die Heldendankstraße kommen, zu mir kommen, mich finden, nur mich. Und sie werden mehr Fragen haben, als ich beantworten kann. Sie dürfen nicht aufhören zu fragen, das ist ihre Pflicht, und ich darf nicht anfangen zu antworten, das ist die meine.

Fünf Monate lang habe ich durchgehalten. Doch es war nur ein Hinausschieben. All die fingierten E-Mails, die ich seit Elenas Tod sporadisch von ihrem Account an ihre Eltern und Arbeitgeber verschickte, um den Eindruck zu erwecken, alles wäre in Ordnung. Niemand lässt sich auf Dauer hinhalten mit einem *Hallo Mama. Geht's euch gut?* Bald werden Elenas Eltern mehr wissen wollen als *Gerold und ich sind über den Sommer verreist, mit dem Auto in den Süden, wie üblich ohne konkretes Ziel.* Ich werde mehr Auskunft geben müssen als *Wir wollen uns Zeit lassen, bis in den Herbst, je nachdem.* Mehr als *Wir brauchen eine Auszeit.* Mehr als *Oft hab ich kein Internet, also wundert euch nicht, wenn ihr länger nichts hört.* Wenn die lieben Grüße aus Toulouse und jene aus Valencia, ein *Heiß ist es in Andalusien* oder *Bald wollen wir weiter zur Atlantikküste* nicht mehr ausreichen, werden Elenas Eltern die Polizei einschalten und auf mich ansetzen. Auch wenn ich noch so oft *Grüße an Papa, Elena* ans Ende der Mails schreibe.

Doch so hartnäckig sie mich auch befragen würden, ich würde keine Auskunft erteilen. Ich würde nichts verraten, würde die Schlucht im Breitenberg nicht nennen, wo Elena liegt, die Leiche eines unbekannten Kindes in ihren Armen. Nein, ich kann uns nicht verraten. Das müssen dann Sie tun, wenn Sie dieses Manuskript gelesen haben. Verbrennen Sie es. Veröffentlichen Sie es. Tun Sie, was Sie wollen. Mir kann es dann egal sein. Ich schiebe Ihnen die Verantwortung zu. Ich selbst werde Elena und Sarah nicht länger überleben. Guido nicht länger überleben, Großvater nicht. Peter, Sascha Jovanic und den alten Herrn Gufler nicht. Wie viele Monate soll ich noch zählen, bevor ich ihnen allen folge, weil ich folgen muss? Wie viele Hitotsus noch?

Zu jeder vollen Stunde piepst mein Chronograph. Er warnt mich. Beeil dich, Gerold! Du weißt, du stehst am Abgrund. Es gibt kein Zurück. Dein einziger Ausweg misst einen einzigen Schritt. Nicht mehr.

Vorgestern habe ich bei der Getränkefirma gekündigt. Ich könne in Zukunft keine Lieferungen mehr ausfahren, weil ich bei einer Baustelle im Oberland zu arbeiten beginne, sagte ich. Mein Chef fragte nicht nach.

Den Passat habe ich gestern auf einem großen, unbeaufsichtigten Parkplatz am Stadtrand abgestellt. Monate, vielleicht Jahre werden vergehen, bis er dort jemandem auffällt. Ich überlegte lange, was ich mit dem Auto machen sollte. Es ist auf Elena Schertler gemeldet, gehört ihr. Auch den Tragesitz, der nach wie vor im Kofferraum liegt, hat offiziell sie gekauft. Wir haben Sarah in diesem Wagen nach Österreich und später nach Haslach gebracht, zu unserer einzigen gemeinsamen Wanderung. Ich spielte mit dem Gedanken, den Passat zu vernichten, ihn zu versenken, zu verbrennen, wie auch immer. Doch das wäre riskant gewesen und dumm. Doch ich wollte ihn auch nicht in der Heldendankstraße stehen lassen und noch viel weniger jenseits der Schweizer Grenze abstellen. Ich bitte Sie, suchen Sie das Auto nicht, auch wenn Sie den Zündschlüssel am Schlüsselbrett in der Wohnung entdecken. Der Passat soll für immer in Ruhe gelassen werden.

Ich kann nicht alles planen. Manches muss ich Ihnen, manches einfach dem Lauf der Dinge überlassen. Seit dem Unglück fällt es mir ohnehin schwer, Gedankengänge zu Ende zu führen. Der Versuch, die Grenzen, an die ich stoße, zu überwinden, erscheint mir zunehmend sinnlos. Grenzen, die immer schon da waren, erst langsam lerne ich, sie zu akzeptieren. Ich sehe ein, dass das Leben nur in geringem Maße steuerbar ist. Die entscheidenden Momente kann ich nicht beeinflussen, zu beschränkt ist meine Kompetenz. Ich sehe, wie ich Zufälligkeiten ausgeliefert bin und höchstens reagieren, nur in kleinem Rahmen agieren kann. Ich kann versuchen, Einfluss zu nehmen, weiter und weiter, weil es des Menschen Pflicht ist, nicht aufzugeben, aber immer wieder erreiche ich den Punkt, an dem die Selbstbestimmung endet. Dahinter bleibt nichts als blindes Vertrauen, ein Hoffen, sooft die Hoffnung auch zerstört worden ist.

Hier am Gipfel des Bocksbergs ist heute ein solcher Punkt erreicht, an dem ich die Kontrolle abgebe. Bis hierher habe ich es geschafft. Den Gipfel habe ich zum Schreibpult erkoren. Alles habe ich festgehalten, was ich festhalten kann. Ich spüre, wie gut, wie richtig das ist. Es ändert nichts an dem, was geschehen ist, aber es schließt das Geschehene ab, trägt es aus mir hinaus. Zum ersten Mal in meinem Leben habe ich das Gefühl, ein Buch zu Ende geschrieben zu haben. Wenn ich den Schreibblock zuklappe, werde ich ihn nie wieder aufklappen. Mit dem letzten Punkt wird meine Erzählung abgeschlossen sein, Geschichte sein, ich habe dann nichts mehr damit zu schaffen. Ich bin raus aus der Geschichte. Ich packe das Manuskript in die Plastiktüte. Ich stecke die Tüte unter den Felsen. Mehr kann ich nicht, mehr muss ich nicht tun.

Es ist dunkel, kalt. Mein Geist ist klar – so klar er sein kann, seit die Einsamkeit der letzten Monate begonnen hat, mir die Grenze zwischen Wirklichem und Halluziniertem zu verwischen. Heute aber habe ich mich bei Sinnen gehalten und nicht von meinem Vorhaben abbringen lassen. Alles ist geschafft. Nun friert und zittert mein Körper. Trotz der doppelten Schicht langer Unterwäsche, der Wollsocken, des windfesten Anoraks. Die Kälte ist mir mittlerweile bis in die Knochen gedrungen. Trotz der Thermo-Handschuhe sind meine Finger so steif, dass ich kaum mehr weiterschreiben kann. Gut, dass ich es nicht muss. Meine Arbeit ist getan. Es ist 21:38. Stockdunkel. Um mich herum die Nacht. Einen einzigen Schritt muss ich noch tun.